SALZBURG
Eine Liebe!

von

Gabriel Barylli

Ein literarischer Reiseverführer

Verlag Christian Brandstätter

Die Kollegienkirche (Universitätskirche, 1696–1707) von Johann Bernhard Fischer von Erlach.

Vor-Wort ...

Glauben Sie wirklich, dass Sie es mit einem normalen Salzburgführer zu tun haben?

Ja?!

Dann schließen Sie bitte sofort dieses Buch und kaufen sich ein anderes! Eines, das Sie ordentlich bei der Hand nimmt und von einer Straßenreihe zur anderen führt ... Vergessen Sie dabei aber bitte nicht, dass Sie doch eigentlich etwas über Salzburg erfahren wollten ...

Oh – Sie haben ja weiter gelesen ... das freut mich ... Sie wollen es genau wissen – nicht wahr? Sie sind ein Suchender ... wie Tamino in der Zauberflöte ... auch dieser Prinz muss den Weg durch unverständliche Prüfungen gehen, bis er an das so genannte Ziel kommt ... Und Ihr Ziel ist es also, etwas über Salzburg zu erfahren! Bitte – meine Prinzessin – oder mein Prinz – wer immer Sie in diese Buchhandlung geführt hat ... wer immer Ihnen dieses Buch in die Hand gedrückt hat ... er wollte Sie prüfen!

Prüfen, ob Sie Salzburg auf diesem Weg kennen lernen wollen – so wie man es einem langjährigen Freund nahe bringen würde ... Haben Sie Lust ...?

Ja?!

Ich verspreche Ihnen, es wird manchmal unüblich zugehen ... hin und wieder auch informativ!
Sie werden nicht von A nach B nach C geleitet werden ... sondern hineingelockt ... staunend ... lächelnd ... durcheinander purzelnd, wie die Töne der Arie der Königin der Nacht ... Kommen Sie mit mir ...?

Ja?! Gut ...

Werfen Sie sofort alle Stadtpläne weg und den 3-Sterne- und 5-Sterneführer durch die „guten", „besten" und „annehmbaren" Restaurants von Stadt und Land. Nehmen Sie Ihre Uhr vom Handgelenk und die Ungeduld aus Ihrem Herzen. Lassen Sie sich gehen …

Darum sind Sie ja nach Salzburg gekommen … nicht wahr?

Also … staunen Sie ruhig, wenn Sie keine Linie in den folgenden Seiten entdecken … das entspricht der Landschaft, durch die wir gleich reisen werden … Lachen Sie ruhig, wenn Sie auf einer Seite nur ein Wort finden werden (manchmal) … das ist hier „Jedermanns" Echo … Geben Sie alle Absichten und Meinungen an der Kasse ab und verschwenden Sie Ihre Zeit … mit mir gemeinsam … Ich bin jetzt einfach für Sie einer der Freunde … aus dem Tempel Sarastros … Folgen Sie mir … die Reise beginnt …

Dier ersten drei Takte der Ouvertüre zu Mozarts Zauberflöte

Vor-Wort (Teil 2) oder auch: Prolog

Ein Märchen aus uralten Zeiten, das geht mir nicht aus dem Sinn …

Mit diesem Satz ist das Gefühl zu beschreiben, das mein Herz erfüllt, wenn ich das Wort „Salzburg" höre. Ein Märchen … uralte Zeiten … Zauber … Flöte … ein Duft … ein tanzender Reigen … die Geburtsstunde der Wahrnehmungen.

Verzeihen Sie mir, wenn Erinnerungen, Verliebtheiten, Vorkommnisse der persönlichen Art den Faden immer wieder zu eigenartigen

VORWORT

Mustern verweben werden. Den Faden, an dem entlang ich versuchen werde, Ihnen zu erklären, warum Salzburg für einen Menschen das Zentrum seiner Sehnsucht werden kann.

Legen Sie doch einmal zwei rote Fäden auf Ihre Landkarte! Holen Sie eine Europakarte, glätten Sie das Bild und dann nehmen Sie sich einen roten Faden. Schneiden Sie zwei, zirka vierzig Zentimeter lange Stücke ab und legen Sie die Teile wie ein Fadenkreuz auf die Karte. Beginnen Sie unten, im Süden, am Stiefelspitz von Italien und enden Sie in Norwegen. Jetzt legen Sie den anderen Faden darüber. Beginnen Sie bitte links, in Frankreich, im Südwesten, an der Küste, an der Atlantikküste. Und jetzt schauen Sie doch mal, wo der Schnittpunkt liegt!

Salzburg.

Astrologen gehen für die Berechnung ihrer Schicksalsstudien vom Ort der Geburt aus; das lässt sich nachvollziehen. Der erste Atemzug setzt die Abläufe unseres Lebens in einer Weise in Gang, die von keinem anderen – sichtbaren – Ereignis übertroffen wird.

Ich sage, von keinem „sichtbaren". Was aber ist mit dem – für die Welt – unsichtbaren Beginn?! Wenn die Geburt der Beginn eines Schicksalsweges in der äußeren Welt ist, wo beginnt dann der Schicksalsweg unserer Träume, unserer Sehnsüchte, unserer „uralten Märchen"? Ich möchte jetzt – in diesem Moment – eine neue Wissenschaft begründen: „Die Lehre vom Schicksal der Zeugung".

Ich wurde nämlich in Salzburg gezeugt! So – nun ist es heraus. Die Berechtigung über Salzburg zu schreiben ist dingfest gemacht. Wer will es wagen zu bestreiten, dass dieses Ereignis dazu angetan ist, haltlos in Schwärmerei auszubrechen?! Haltlos sich immer wieder – schreibend – in die aurischen Geheimnisse dieses europäischen Mysterienspiels der Realität zu verlieren?

„Der erste See"

Es zieht mich immer wieder an den Wallersee. Genauer gesagt, auf die Ostseite des Wallersees, nach NEUMARKT. Genauer gesagt, zum Hotel-Restaurant „Winkler". Ganz genau gesagt, in die Zimmer im ersten Stock, wo meine Eltern vor vielen Jahren dem Zauber warmer Salzburger Sommernächte erlegen sind. Hätten sie geahnt, dass

Am Nordufer des
Wallersees liegt das Wengermoor.

dieses „Sich-Verlieren" damals im ersten Stock des Hotel-Restaurants „Winkler", an der Ostbucht des Wallersees, dieses Buch nach sich ziehen würde?

Der Wallersee hat sich eine sehr kluge Attitüde zugelegt: Er ist nicht „in". Er hat eines Tages beschlossen, nicht überlaufen und übervölkert sein zu wollen. Er hat sich entschieden, keine Diskotheken und Strandlokale an seinem Ufer haben zu wollen. Er wollte keine Auffahrpiste für Porsches, Ferraris und Mercedes-Cabriolets werden. Der Wallersee hat seine Ufer und Buchten still und ruhig gehalten. Er hat beschlossen, zur Hälfte ein Naturschutzgebiet zu sein und seine andere Hälfte kleinen Holzhäusern zur Verfügung zu stellen, in denen Salzburger Familien ihren Sommer am Seeufer verbringen. Er hat die Zufahrtswege knapp gehalten und Motorboote niemals zugelassen.

Auf diese Weise ist dem Wallersee etwas gelungen: Er ist eine Zeitkapsel geworden. In den frühen Nachkriegsfarbfilmen sehen alle Seen im Salzkammergut so aus, wie der Wallersee auch heute noch aussieht. Still, lieblich, verträumt ... privat.

Blick über den Wallersee auf den Hohen Stauffen.

Es ist ihm gelungen. Er hat sich gewehrt gegen den Mahlstrom des Zeitgeistes und sein nervös machendes Bewegungsangebot. Er ist so altmodisch, dass er höchste Avantgarde geworden ist. Er könnte das Wort „entschleunigen" erfunden haben.

Man muss nur einmal, langsam und ohne Hast, am frühen Abend auf der Seepromenade seine Ufer besucht haben. „Seepromenade" – was für eine entzückende Übertreibung! Es handelt sich um einen Weg, der gerade so breit ist, einem Paar, das Hand in Hand schlendern möchte, Spielraum zu geben. Man könnte durch die angrenzenden Wälder streifen, auf der Suche nach Himbeeren, und am Hafen vorbeiwandern. Der „Hafen" ist eine liebe, ruhige, kleine, beschauliche Anlegestelle für ungefähr siebenundzwanzig kleine Segelboote und acht lautlose 4-Personen-Elektroboote ... und dann könnte man im „Winkler" einkehren.

Das „Winkler" wird in Wahrheit von der Familie „Bauer" geleitet, hat aber seinen Tarnnamen behalten – von früher, als das „Winkler" einem Herrn Winkler gehört hat. „Warum das?", wird man sich fragen. Weil das „Winkler" in seinen Anfängen mit einer Spezialität berühmt geworden ist, die für das Salzburger Land unüblich war. Eine Spezialität, die man eher in Frankreich antreffen könnte: Schnecken.

Weinbergschnecken in heißer Knoblauchbutter, dazu knusprig gebackenes Weißbrot und einen sehr kalten, trockenen Weißwein. Und das ist erst eine der vielen Vorspeisen ... Die Bauers haben seit langen Jahren eine Speisekarte, die die Mitglieder eines verschworenen Geheimbundes immer wieder an ihre Tische lockt.

Die cremige Fischsuppe zum Beispiel. Wer kennt sie nicht, die herkömmlich bekannten Fischsuppen: die „Bouillabaisse" oder den Fischtopf der Spanier und Portugiesen, die „Zuppa di Pesce" in Kalabrien – all diese Fischsuppen enthalten kleine oder größere, längere oder kürzere Fischteile und Teilchen. Die Fischsuppe der „Bauers" im „Winkler" aber ist cremig! Zart, weich, cremig und doch so flüssig, dass man sie „Suppe" nennen darf. Damit geht es erst richtig los ...

Stellen wir uns doch einmal einen Abend im „Winkler" bei den „Bauers" vor. Sie haben eine Lustwandlung am See hinter sich und setzen sich auf die Restaurantterrasse. Dort stehen die Tische mit den grünen Holztischplatten noch auf Kies! Bei jedem neuen Gast und jeder Annäherung des freundlichen Personals hört man das harmonische Knirschen der kleinen Steinchen.

Nach der ersten Entspannung, nach Suppe oder Schnecken, gibt es eine wichtige Frage zu beantworten: Hecht? Zander? Forelle? Bachsaibling? Oder Reinanke vom Rost? Oder ... ausgelöstes Backhenderl? Sogar Nichtösterreicher wissen mittlerweile, dass damit knochenfreies Backhuhn gemeint ist ...

Entscheiden wir uns! Nehmen wir den Bachsaibling, gebraten, mit Mandelsplittern, in heißer Butter, mit Petersilkartoffeln! Ist das okay? Fein. Morgen Abend können wir ja aus dem Frischwasserfischbecken einen Zander für vier Personen auswählen, wenn wir mögen ...

Nach dem Hauptgang lehnen wir uns in unseren Stühlen zurück und beobachten den stillen Spiegel des Sees, der nur ein paar Schritte weiter, vor dem Restaurant liegt. Auf der Westseite des Wallersees sehen wir die großen Berge, die die Stadt Salzburg beschützen, die nur etwa fünfzehn Autominuten entfernt ist.

Auf den Tischen werden Windlichter angezündet, in den Kronen der uralten Laubbäume, die das Hotel umarmen, rauscht leise der Abendwind, Kinder spielen am Ufer und die Frage stellt sich: Was für ein Dessert?

Man muss sich nicht als einfallslos empfinden, wenn man „Salzburger Nockerln" bestellen will. Wenn, dann dort! „Süß wie die Liebe und zart wie ein Kuss" – oder umgekehrt? Der alte Schlager, der diese Eiklar-, Vanille-, Zucker-Verführung besingt, hat klischeehafterweise bei den „Bauers" im „Winkler" seine Bestätigung gefunden.

Oder! Ich nehme heute die Marzipanmousse-Nockerln mit Amarenakirschen, einen Espresso dazu und ... einen Vogelbeerschnaps. Oh ja! Genug ist nicht genug!

Falls Sie probieren wollen, einiges davon in Ihrer eigenen Küche nachzudichten:

Fischsuppe
Mit 4 Fischen Bouillon aufstellen und mit 1 Lorbeerblatt, 6 Pfefferkörnern, 1 Zwiebel, 2 Karotten, ½ Sellerieknolle und 1 Lauch 2 Stunden köcheln (nicht kochen) lassen, abseihen.
Fischfleisch und Gemüse pochieren und in Bouillon geben, mit Pernod und Noilly Prat abschmecken.

Bachsaibling mit Mandelbutter und Petersilkartofferl
Ausgenommenen frischen Bachsaibling waschen, trocknen, innen und außen mit Salz und Pfeffer gut würzen. In glattem Mehl wenden, gut abstauben.
In passender Pfanne Sonnenblumenöl erhitzen, Saibling beidseitig knusprig braun braten, aus der Pfanne heben. Bratfett abgießen, 100 g Butter aufschäumen lassen und den Saft von 1 Zitrone beigeben. Saibling mit 2 EL gerösteten Mandeln bestreuen und mit Butter übergießen. Dazu Petersilkartofferl und Salat.

Salatdressing
Ganze Eier werden mit Öl aufgeschlagen, mit Salz und etwas Zucker gewürzt und mit Rotweinessig abgeschmeckt.

Salzburger Nockerln
¼ l Eiweiß unter ständiger Zugabe von 100 g Kristallzucker zu festem Schnee schlagen. 1 TL Vanillezucker und 3 Eidotter einrühren.
Flache Wanne mit Butter bestreichen, Nocken pyramidenförmig daraufsetzen und im vorgeheizten Backrohr bei 200 °C 10 Minuten backen. Mit Staubzucker bestreuen und sofort servieren.

Marzipanmousse-Nockerln

½ l Milch mit 300 g Marzipan aufkochen und Marzipan gut verrühren. Erst dann 60 g Kristallzucker untermengen und erkalten lassen. 6 Blatt Gelatine in Wasser einweichen, ausdrücken und bei niedriger Hitze am Herd verflüssigen und unter 600 g geschlagene Sahne mengen. Anschließend zur kalten Marzipanmasse beigeben.

Für den Vogelbeerschnaps kann ich Ihnen nur ein Rezept empfehlen: Geduld, Geduld und Geduld. Vogelbeerschnaps ist eines der kostbarsten Destillate, das seit Mönchszeiten die Seele mit dem Körper versöhnt. Es gibt so wenige davon. Ich meine Vogelbeeren. Fast möchte man scherzen und meinen, es gäbe mehr Mönche.

Im Mittelalter mag es sogar noch so gewesen sein, aber auch heute sind Vogelbeeren die Diamanten unter den Edelsteinen der Obstbrände.

Warum das so ist, muss erklärt werden. Vor geraumer Zeit haben sich sechs österreichische Schnapsbrenner verschworen. Sie konnten die Billigprodukte, die als Obstschnaps auf dem Markt zu finden waren, nicht mehr ertragen. Dieser Apothekenalkohol mit Aromastoffen aus dem Chemielabor ruinierte nicht nur die Innereien, sondern begann auch langfristig das Bild des ehemaligen, fast als Arzneimittel gewürdigten Obstbrandes zu verdunkeln. So also trafen sie einander an einem stürmischen Tag auf einem abgelegenen Salzburger Almgipfel, hoben die Hand zum Schwur und gaben sich selbst das strengste Reinheits- und „Langsam-Mehrfach-Brennen"-Gebot, das es jemals gab.

Der Anspruch dieser beherzten Männer geht so weit, dass zum Beispiel Marillen- bzw. Aprikosen-Schnaps aus „gestreicheltem" Obst hergestellt wird. Nein – keine Schwärmerei, keine Übertreibung, keine literarische Überhöhung!

Zur Zeit der Marillenreife legt man weiße Tücher unter die gebärenden Bäume und wartet, dass die reifsten Früchte – von selbst – runter fallen. Dann werden sie noch von Hand sortiert und begutachtet, ob sie makellos sind, und dann erst werden sie in

Marillenschnaps verwandelt. Dann erst! Diese Essenz findet man natürlich nicht auf Autobahnraststätten in 1-Liter-Flaschen mit bunten Obstbildern drauf ... aber man findet sie bei den „Bauers" im „Winkler" am Wallersee.

Wenn der Abend langsam ausgeklungen ist, mit einem angenehmen Gespräch, zu dem sich der Herr Bauer an den Tisch gesetzt hat, um sich zu vergewissern, das alles in Ordnung war, hat man es wunderbar leicht in den ersten Stock. Dort kann man dann, in den angenehm ausgestatteten Zimmern mit den breiten Betten, tun und lassen, was man will. Man kann sogar die Fenster offen lassen, weil es überraschenderweise keine Stechmücken gibt. Und das, obwohl der See direkt vor dem Schlafzimmer liegt. Wunder über Wunder!

Was immer die Nacht ergeben hat, das Aufwachen und der Morgen danach schlagen fast noch das Lustgefühl des vergangenen Abends.

„Ein erster Morgen"

Man erwacht, tritt auf den Balkon aus braunem Holz, nachdem man die grünen Holzjalousien aufgeschwungen hat, und blickt auf den spiegelglatten See.
    Mit etwas Glück schwimmt sein Wahrzeichen gerade vorbei und lockt einen ans Ufer. Das Wahrzeichen des Wallersees sind seine weißen Schwäne, denen am Hafen und an der Seepromenade sogar ein steinernes Denkmal gesetzt wurde.

Ein Handtuch um die Schultern, über den Kies, über die Wiese, an den Schwänen vorbei – und ins Wasser ...
    Eine halbe Stunde – oder von mir aus auch nur sieben oder elf Minuten – schwimmen, tauchen, sich treiben lassen – rauf ins Zimmer, duschen, abfrottieren, kurz nachtrocknen, anziehen, runter auf die Terrasse, gedeckter Frühstückstisch mit frischen Semmeln,

Eiern, Butter, Kaffee, Blick in die Weite, Hund des Hauses, der was haben möchte, aber nichts bekommen darf, und: Marmelade und Honig in kleinen Glasschälchen (!) – und nicht in der Portionspackung aus Plastik! Wo gibt es das noch?

Dann sitzt man da und denkt nach. Was ist mit dem jungen Tag zu beginnen, in diesem Land? An dieser Stelle, wo früher einmal Noricum war. Muße lässt Platz für Historie! Also: für historische Gedankenausschweifungen – Noricum …

Ein erster Blick ins Historische

Keltenreich, sehr groß war dieses Gebiet, in dem sie vor 2500 Jahren angefangen haben, Salz abzubauen, tief drinnen im Berg. Um die Wahrheit zu sagen: Noricum hat nicht nur Salzburg umfasst, sondern auch Tirol, Kärnten und Oberösterreich, aber das Kerngebiet war Salzburg. Die Kelten haben ihre Spuren hinterlassen, bis heute. Am offensichtlichsten ist das bei den Ortsnamen – Hall-Statt, Hal-lein. „Hal" heißt nämlich „Salz" auf keltisch, und wenn man an Ortstafeln wie Schalk-ham vorbeifährt, darf man als dilettierender Linguist ruhig eine Verbindung zu Notting-ham in England herstellen. „Ham" ist altkeltisch. Und die große Insel jenseits des Kanals, die so gerne noch nicht Europa wäre, hatte auch eine keltische Grundbevölkerung, bevor die Angeln und Sachsen rüber gefahren sind. Und dann die Römer – um Ordnung zu machen und Straßen zu bauen.

Groß, blond oder rothaarig, blau- oder grünäugig waren sie, die Kelten, und stark. Die Krieger mit einem Goldreif um den Hals, hölzernen, mit Leder bespannten Rundschildern, Schwert und Speer, von Druidensäften gestärkt und rasend im Kampf gegen die Römer. Aber leider sehr individualistisch – mit andern Worten: undiszipliniert – und letztlich nicht so effektiv, wie die eng geschlossenen Kohorten der Südländer, samt Phalanx und im Akkord geschleudertem Pilum ... und im Notfall dicht an dicht, Schild an Schild geschweißte Schildkrötenformation – auch Tortuga genannt. Das Ergebnis: 14 v. Chr. erobern die Römer Salzburg und nennen es Iuvavum. Was soll man machen?

Das haben sich auch die Kelten gedacht und dem Tourismusgedanken gehuldigt. In fast übertriebener Art und Weise – ganz wie heute. Sie wollten sich nicht ausradieren lassen, also haben sie sich angepasst, arrangiert und – überlebt. In Kleidung und Sprache das

Zu Sonnwend treiben auf der Salzach unzählige schwimmende Sonnwendlichter flussabwärts.

Geschmeidige des Südens angenommen, in den Augen immer noch das Geheimnis der Druidenmistel. So weit und perfekt waren die Kelten in der Umarmung der Römer, dass die erstaunten Germanen sie nach einiger Zeit „Romanen" nannten. So also ist das Salzburger Land – nach Noricum und Iuvavum – ein Denkmal österreichischer Lebenskunst.
Miteinander statt gegeneinander! Den Stärkeren so lange umarmen, bis der zum Vogelbeer greift, sich entspannt und nach über 2000 Jahren findet sich dann im Ortsnamen erst recht die alte keltische Herkunft.

Diesem Verhalten begegnet man auch heute im Salzburger Menschen. In seinem Blick. Er wartet ab, ist freundlich, trägt Diplomatie, Verbindlichkeit und – selten aber doch noch manchmal – ein Dirndl. Und ganz tief hinten in den Augen sieht man, wenn man tief hinein blickt und sich Zeit nimmt, einen uralten, unerschütterlichen Glauben an die Natur, die Kraft des Bodens und – die alten Götter. Nein, keine Schwärmerei, keine literarische Überhöhung – es ist so. Wenn Sie es nicht glauben, dann fahren Sie einmal in der Nacht der

Rückentrage und Werkzeug eines Arbeiters im Hallstätter Salzbergwerk aus dem 10.–9. Jhdt. v. Chr.

Sonnwendfeuer über das Land. Gehen Sie den Flammen nach, die auf abgelegenen Hügeln meterhoch in die schwarze Nacht brennen und schauen Sie in die leuchtenden Gesichter der jungen und alten Salzburger Menschen. Dann sehen Sie ihn, den Geist der ewigen Zeit, dem dieses Land gehört, seit vielen Tausend Jahren. Und wenn Sie eingeladen werden, über das Feuer zu springen, dann tun Sie es. Es wird Ihre dünne Kruste der Zivilisation und Schnelligkeit hinweg brennen.

Einige Anmerkungen über das Bergische

Bergmenschen sind anders. Wüstenmenschen auch, natürlich, aber Bergmenschen sind ... aufgeladen. Das ist Teil des Versuchs einer Erklärung. Bergmenschen sind aufgeladen mit der geomantischen Energie, die die Berge verkörpern. Es ist wissenschaftlich erwiesen und messbar, dass das geomagnetische Feld der Erde bei, auf und in den Bergen den Biomagnetismus auf das Stärkste beeinflusst! So – ist das akzeptabel?

Ich hoffe, das Wort „wissenschaftlich" hat alle Zweifel beiseite gefegt. Als wenn es nicht genügen würde, es zu spüren, es zu sehen, es zu atmen, das Bergische.

Der Salzburger Bergmensch lebt seit halben Ewigkeiten mit dem Berg und seinen Geschenken. Allein das Salz! Überlebenshilfe? Natürlich! Salz war nicht nur Gewinn und Lieferant biochemischer Arznei für den keltischen Menschenkörper – mit Salz konnte man pökeln! Dem Fleisch der im Herbst geschlachteten Hoftiere das Wasser entziehen und es auf diese Weise haltbar machen. So konnte der Hof, die Sippe, der Stamm über den Winter kommen. Die Futtermengen reichten nämlich nicht aus, um das Vieh über den Winter zu bringen. Also schenkte der Berg den unermüdlichen Bergmännern sein weißes Gold, damit sie ihre Leute ernähren konnten. Und Handel treiben, mit dem Rest der Welt. Die ringsherum lag und sehnsüchtig auf diese Berge blickte.

Wenn man von Wien mit dem Auto auf der Westautobahn Richtung Salzburg fährt, geschieht es mit einem Mal. Mit einem Mal atmet die Landschaft in einem anderen, griffigeren Rhythmus und dann sieht man am Horizont die ersten großen Berge. Der Wagen beginnt schneller zu fahren, ohne dass man Gas geben muss, und ungefähr zweiundfünfzig Kilometer vor den ersten steinernen Riesen beginnt man schon, die Aura der gebirgigen Schutzzone zu fühlen. So weit reicht die Ausstrahlung eines sehr hohen Berges. Wirklich. Unwissenschaftlich gemessen!

Wir könnten zum Beispiel von unserem Frühstückstisch aufstehen und auf den Tannberg fahren. Der liegt gleich neben Köstendorf und ist zwar nicht sehr hoch, aber er ist geschaffen worden, damit man von seinem höchsten Punkt aus all die anderen großen Berge des Salzburger Landes überblicken kann. Sie könnten doch heute einfach ein bisschen herumfahren, im Salzburger Land, und sich in Wahrheit und Phantasie verlieren. Also verabschieden wir uns vom „Winkler" und versprechen, am Abend wiederzukommen.

Kaum losgefahren – schon auf die Bremse getreten. Warum? Weil da das Bauernhaus vom Fischerbauern steht. „Lechner" heißt er mit christlichem Namen – aber die ganze Welt nennt und kennt ihn als den „Fischerbauer". Weil er die Lizenz zum Fischen hat. Seit Generationen. Und man bei ihm einen Angelschein erhält, wenn man auf den See hinaus will, um einen Fisch zu fangen. Nur bei ihm bekommt man diese Lizenz. Er ist das Monopol.

Aber nicht nur. Er ist ein Pars pro Toto. Ein Hinweis darauf, dass man auch anders absteigen, urlauben, leben kann, wenn man das Salzburger Land besucht. Vielleicht nicht allein. Vielleicht mit Familie. Vielleicht mit Kindern ...

Wenn die „Fressglocke" läutete, wusste der Bauer am Feld, dass das Essen auf dem Tisch stand.

BILD RECHTS Im „Land inner Gebirg" findet der Wanderer noch verträumte Almseen.

Gedanken über den Landurlaub, den „alternativen"

Wir nähern uns dem Tannberg, aber ich versinke gerade in Erinnerungen. Erinnerungen, die ich mit Ihnen teilen will. In der Hoffnung, dass Sie es sich überlegen und mit Ihren Kindern auch einmal Ferien auf dem Bauernhof machen. Oder allein. Ohne Familie. Und Ihr inneres Kind wieder einmal in den Kuhstall treten lassen. Ich habe es so sehr geliebt, in der Kindheit, beim Fischerbauern.

Meine Eltern hatten jeden Sommer bei den Salzburger Festspielen damit zu tun, Kunst zu machen, und ich konnte ein Landbub sein. Aus Wien. Was für ein Kontrast!

Und ich möchte deshalb davon erzählen, damit Sie Ihren Stadtkindern auch die Chance geben, Milch aus der Kuh zu holen und nicht nur aus dem Kühlschrank, in einem der vielen Familien-Betriebsbauernhöfe, die über Salzburg verteilt sind. Es gibt sie nicht nur am Wallersee, sondern auch am Mondsee, Irrsee, Wolfgangsee, Attersee, Traunsee, Fuschlsee, Grundlsee, Hallstättersee, Toplitzsee und Zellersee! Hintersee, Wiestal-Stausee, Gosausee... mein Gott! Irgendeinen hab ich sicher vergessen und der ist mir jetzt ein Leben lang böse. Seen sind da sehr eigen. Ich bitte den ungenannten Salzburger See um Verzeihung. Ich war nur in Gedanken auf dem Bauernhof. Im Stall, wo an einer langen, steinernen Futterkrippe die braunen Kühe stehen und kauen.

Sie kauen immer. Offen! Wiederkäuer eben. Und wenn man den Stall betritt, schauen sie alle – wie an einer Schnur gezogen – zum Eingang. Und schnaufen. Und wedeln mit dem Schweif, pausenlos, die vielen Fliegen von ihrem Hintern. Und die schweren Ketten, mit denen sie festgebunden sind, rasseln. Und sie lecken mit ihren großen, warmen Zungen über ihre weichen Kuhmäuler. Und wenn man ihnen die Hand hinstreckt, lecken sie auch die Hand ab – stundenlang. Nicht, um das Salz im Schweiß der Menschenhand zu bekommen, wie mir ein Erwachsener damals wissenschaftlich erklären wollte. Das ist ein Blödsinn! Die Hand ist ja schon nach zwei Minuten abgeleckt! Aber die Kühe würden noch zwei Stunden an kleinen Kinderhänden weiterlecken, weil sie Kinder mögen. Aber die Kinder gehen dann zur Rückseite der Kühe und schauen zu, wie die

Milch heraus gemolken wird. Aus der Kuh in einen Eimer. Das ist toll! Ich weiß schon, dass man heutzutage fünf Saugpumpen ansetzt und die Milch durch einen Schlauch abgepumpt wird! Aber damals war das noch Handarbeit und schmeckte warm und süß. Und wenn Sie mit Ihren Kindern Ferien machen, an einem See, auf einem Bauernhof, lässt sich das sicher arrangieren, dass die Bäuerin sie einmal wirklich melken lässt.

Danach könnte man zum Traktor laufen und schnell mit aufs Feld fahren. Es ist nämlich die Zeit der Heuernte und ein Gewitter droht mit dicken, fetten, schwarzen Wolken! Jeder, der anpacken kann, wird gebraucht. Damit das Heu in die Scheune kommt. In der Scheune kann man dann die tollsten Heuburgen bauen. Stundenlang. Gänge graben, Türme aufbauen, Türme einreißen, kleine Katzenbabys entdecken, die die Katzenmutter vor den Menschen in Sicherheit gebracht hat. Manchmal finden sich bis zu sieben kleine, warme, seidenzarte Lebensknäuel und wackeln mit noch blinden Augen in ihrem Heunest herum. Dann kommt die Katzenmutter und hat den besorgten Blick, mit dem sie in den Kinderaugen forscht, ob sie wohl nicht verraten werden. Bauern müssen manchmal recht rigide sein, in der Familienplanung ihrer Hofkatzen – Sie verstehen?! Deshalb verstecken die Katzenmütter ihre Jungen, bis ein kleiner Bub sie findet und mit seinen Augen verspricht, nichts zu verraten. Dann kann sich die Katzenmutter mit einem großen Seufzer der Erleichterung hinlegen und sofort kleben fünf bis sieben Wollbälle an ihrem Bauch und pumpen und treten und trinken. Stundenlang.

Es bietet sich an, am Bach hinter dem Haus Dämme zu bauen und kleine Fische zu beobachten. Oder Frösche oder Regenwürmer oder Ameisen. Man kann mit seinem Taschenmesser Weidenruten abschneiden und Indianermuster hinein gravieren. Und zu Mittag in die Bauernstube schlendern und nachschauen, was es zu essen gibt.

Ich habe beim Fischerbauern den ersten Semmelknödel meines Lebens gegessen. Ohne Scherz. Es war der allererste. So groß wie eine Zuckermelone. Ich habe mich hingesetzt und der Bäuerin zugesehen, wie sie ihn mit ihren eigenen Händen formte und ins siedende Wasser fallen ließ und dann den Wacholder und die Lorbeerblätter

Im Salzburgerischen gibt es noch viele bewirtschaftete Almen, auf denen Kühe weiden.

in das Sauerkraut einrührte und den Schweinsbraten mit Kümmel bestreute. Wie genau der Semmelknödel hergestellt wird? Ach so … So geht das:

Semmelknödel

60 g Butter schmelzen, 60 g kleingeschnittene Zwiebeln darin hell rösten. 3 Eier und etwas Milch gut verschlagen, salzen, über 250 g Semmelwürfel gießen. Alle Zutaten vermengen, gehackte Petersilie hinzufügen, einige Minuten anziehen lassen, 40 g griffiges Mehl unterheben. Mit nassen Händen Knödel formen und in reichlich Salzwasser ca. 12 Minuten schwach wallend kochen.

Ganz wichtig! Eine Prise Muskatnuss im Semmelknödelteig nicht vergessen.
 Ein Schweinsbraten mit Sauerkraut und Semmelknödel und dazu ein kühles Bier … Und dann, nachdem man dieses erdende Mahl geteilt hat, erhebt sich die Frage: Was spricht dagegen, auf den Tannberg zu fahren? – „Nichts! Rein gar nichts!", rufen die Salzkammergutneulinge und drängen zur Abfahrt.

Holz und Stein bestimmen die traditionelle Bauweise im Salzburger Land.

Rund um den Wallersee

Wir fahren jetzt einmal rund um den Wallersee und dann werden Sie staunen, welchen versteckten und oft übersehenen Wissensschatz wir heben werden. An der Seeseite von der wir aufbrechen liegt NEUMARKT. „Neumarkt am Wallersee" ist vom „Winkler-Bauer" etwa vier Minuten Autofahrt entfernt. Der Ort hat sich in den letzten Jahren mächtig ins Zeug geworfen.

Neumarkt ist ein Straßendorf – von seinem Grundkonzept her –, das heißt, an der Hauptstraße liegen die schönen Bürgerhäuser aufgereiht, wie die Debütantinnen beim Opernball. (Dies im Gegensatz zu Haufendörfern, bei denen jedes Haus macht, was es will und alle gemeinsam einen chaotischen Haufen bilden, bei dem es sehr schwierig ist, zum Beispiel die Nummer siebzehn zu finden!)

Nicht so in Neumarkt, und das mit den Debütantinnen ist ein erlaubter Vergleich, weil jedes Haus anders geschmückt ist! Wirklich – so darf man das nennen, was sich die Bürger in Neumarkt haben einfallen lassen. Jedes Haus strahlt in einer anderen, warmen, in überraschend mediterranen Farben gehaltenen Üppigkeit. Ocker, ochsenblut, marineblau, schönbrunngelb, orange, grün! Und und und.

Mit passenden Farbumrandungen bei Fenstern und Türen, Jahreszahlen und Dachgestühl. Der ganze Ort wirkt wie die Farbpalette eines verlebten Malers aus dem 19. Jahrhundert. Irgendwann muss es eine revolutionäre Versammlung im Gemeinderat gegeben haben, bei der dieses Vorhaben einstimmig abgesegnet wurde. Den Ort – tatsächlich – zu verschönern. Wer immer es war, dem das eingefallen ist – ihm gebührt höchstes Lob! Neumarkt hat es verdient. Es liegt nämlich an der Linzerstraße, jenem uralten Handelsweg, der von Wien über Linz nach Salzburg führte. Und weil man auch in früheren Jahrhunderten auf dieser Strecke irgendwann einmal vom Pferd musste (aus tausend Gründen), hat man im 13. Jahrhundert Neumarkt angelegt und dem Ort im 14. Jahrhundert das Marktrecht verliehen. Nägel mit Köpfen!

Wenn wir kurz vom Pferd steigen, können wir das Museum in der Fronfeste besuchen. Da können wir viel lernen. Zum Beispiel, dass das Haus selbst von einem Erzbischof gebaut wurde – 1589, um genau zu sein – und zwar von Wolf Dietrich von Raitenau, um ganz genau zu sein. Jener Erzbischof, der, wie viele seiner Kollegen, architektonisch einige Spuren im Salzburgischen hinterlassen hat. Doch davon später. Bei der Betrachtung der Siedlungsgeschichte werden Sie gleich wissend und erkennend nicken. Erstens weil man uns darüber informieren wird, dass es hier schon in der Jungsteinzeit Besiedlung gegeben hat – samt Nobelrestaurants mit Seeblick – und weil SIE natürlich auch hier waren. SIE, denen wir noch so oft begegnen werden! Die Römer! Die waren es nämlich, die die Straße ausgebaut haben, die später einmal Linzer Straße heißen sollte. Und das in einer Zeit, in der die Gegend um Neumarkt noch den Namen „Tarnantone" trug.

Als Fortführender des römischen Kulturgedankens hat sich der Salzburger Hofbaumeister Santino Solari der Gegend angenommen und gleich vier Kirchen hingestellt: die Zentrumskirche innerhalb der alten Wallanlage, St. Martin in Pfongau, St. Georg in Sommerholz und St. Maria Magdalena in Neufahrn!

Dann lohnt es sich noch beim Verlassen des Ortes einen Blick auf das spätgotische Schloß Sighartstein zu werfen, um sich der kulturellen Bedeutung von Neumarkt am Wallersee endgültig klar zu werden.

Los, los – weiter – Kulturwissen verlangt danach, angehäuft zu werden. Also bleiben wir in STRASSWALCHEN stehen und treten in die Pfarrkirche St. Martin ein. Die wird zwar schon 799 erwähnt, aber der spätgotische Endbau wurde erst 1444 eingeweiht. Und der Grund, warum wir eintreten, ist der Hochaltar. Der stammt nämlich von einem Herrn Guggenbichler und ist dessen frühestes Werk, aus dem Jahr 1675! Dieser Mann verdient es, dass wir seinetwegen abgestiegen sind.

Nun aber weiter – nach HENNDORF. Nicht nur wegen der holzgetäfelten Gaststube im Wirtshaus im Ortskern, die über und über mit hunderten von Rosen ausgemalt ist. (Und auch nicht wegen der Leberknödelsuppe, die dort serviert wird.) Nein, wegen des Andenkens an Carl Zuckmayer, der hier viele Jahre lebte und arbeitete, schreiten wir historische Wege auf Henndorfer Boden ab. Dieser Boden scheint es geomantisch in sich zu haben. Nicht nur, dass Zuckmayer hier dichtete, sondern er traf sich hier auch mit seinen Freunden aus den dichtenden Kreisen wie Alma und Franz Werfel, Thomas Mann und Ödön von Horvath. (Der blieb, von der „Rosenstube" gefesselt, solange in Henndorf, wie es dauerte, seinen

Roman „Jugend ohne Gott" zu schreiben.) Und dann gab es noch den Urhenndorfer Dichter Johannes Freumbichler, der seinen Enkel heranschleppte, damit dieser Dichterluft schnuppern konnte und seinen Berufswunsch definieren – der Enkel war der spätere Heimatdichter Thomas Bernhard ...

Thomas Bernhard (1931–1989) verbrachte einen großen Teil seiner Kindheit in Seekirchen am Wallersee.

Der Wallersee ist nicht so klein, wie es anfangs erscheinen mochte. In EUGENDORF finden wir in der Kirche St. Georg wieder einen Hochaltar von Guggenbichler und Arbeiten von seiner Hand in Schloss Seeburg in SEEKIRCHEN, das Neumarkt genau einmal längs über den See gegenüber liegt.

Einige Seiten später werden Sie den Namen „Köstendorf" lesen ... darum darf ich ihn auch an dieser Stelle schon einmal nennen. In KÖSTENDORF – einem Wallfahrtsort – finden Sie eine liebreizende Marienkirche und die Überbleibsel eines römischen Gutshofes – Römer, Römer, Römer ... waren die denn überall?

Wenn Sie noch die ultimativen Antworten auf all Ihre Fragen zur Landwirtschaft im Salzburgischen haben wollen, dann müssen Sie in das Museum Agri-Cultur in SCHLEEDORF – mit Kinderprogramm. Dann können Sie mir nie vorwerfen, ich hätte Sie uninformiert gelassen!

Die Seeburg in Seekirchen am Wallersee. Gemälde aus dem 18. Jhdt.

Eine lustige Fahrt über Landstraßen ...

Das andere Tempo. Das Salzburgische hat einen anderen Rhythmus als die Abfahrtsintervalle der Zubringerbusse am Großraumflughafen Frankfurt. Deswegen zieht es ja die Scharen an Geplagten und Gehetzten nach Salzburg, um das andere Tempo zu erfahren. Obwohl es in keinem Reiseführer drinnen steht – leider! Aber – andererseits – vielleicht würde sie sogar ein wenig erschrecken, die Formulierung: „Kommen Sie ins Salzkammergut und ändern Sie Ihr Tempo!" Um Himmels willen! Was für eine Anmutung! Nein – es ist doch klüger und weiser, sie von selbst stattfinden zu lassen, die Verwandlung.

Die Verwandlung des gejagten und gehetzten Großstadttiers in ein schlenderndes, bummelndes, lässiges, manchmal sogar stehen bleibendes, genießendes Ferientier. Und das geschieht ganz unmerklich.

Die Verwandlung wird auf den Landstraßen beginnen. Die salzburgische Fahrweise muss irgendwann einmal Gemütlichkeit in Ihren Herzschlag bringen. Muss. Weil die Straßen nur aus weichen, fließenden Kurven bestehen. Weil es so viele Wälder und Wäldchen gibt, so viele Bäche und Bächlein, die von der Straße verlangen, dass sie Kurven drum herum macht. Es gibt keine Hockenheim'schen Rennstrecken im Salzkammergut. Also: fließend fahren, langsam fahren, rausschauen – mit Vorsicht natürlich – entschleunigen.

Das ist das Erste. Das Zweite werden die Dörfer sein, und die Orte und Städtchen. Die werden dieses Fortbewegungsprinzip perpetuieren, also fortführen ... (Sie dürfen nicht vergessen, wie viel lateinischen Einfluss es in diesem Land gibt – daher „perpetuieren".) Die Gassen und Gässchen in diesen Dörfern und Städtchen werden Ihren Gehstil genauso beeinflussen, wie die Straßen Ihre Fahrweise verwandelt haben. Slowly, slowly und schlendern, stehen bleiben! Die Fassade eines Bürgerhauses aus der Renaissance betrachten, mit Blau oder Gelb bemalt, mit weißen oder roten Fensterumrahmungen, großen schweren Holztoren und – manchmal immer noch – einem Steinbrunnen an der Vorderwand.

Das wird Sie langsam verwandeln in einen Müßiggänger und ich hoffe, dass das dann der Anfang all Ihrer Laster sein wird, an die Sie viel zu selten denken oder für die Sie keine Zeit finden. Das Laster „Geduld" zum Beispiel ... und „Genuss" ... und „Wurschtigkeit" ... Man könnte auch – gesamteuropäisch – „Laisser-faire" dazu sagen. Es wird sich schon einstellen, auf der Fahrt zum Tannberg, auf dem wir nun schon fast oben sind.

Der Tannberg

Gleich hinter KÖSTENDORF – nur etwa 7 Kilometer hinter Neumarkt am Wallersee – auf der Ostseite, liegt der Tannberg, der komplett mit Tannen bewaldet ist. Daher sein Name. Eine Serpentinenstraße führt zu ihm hinauf, an den ältesten Bauernhäusern der Gegend vorbei. Die meisten im Stein-Holz-Stil. Das heißt, der untere Teil ist gemauert und weiß gekalkt und der erste Stock ist aus dunkelbraun gebeiztem, dickem Balkenholz. Die leicht schrägen Holzschindeldächer liegen in manchen Fällen seit 300 Jahren Schindel an Schindel als Krönung darauf und werden vielleicht noch mal 137 Jahre halten. Links und rechts von der Haustüre stehen Birnbäume und daneben eine Holzbank, die zum Verweilen ermuntert. Am Ende des Tages, zum Beispiel.

Auf den Wiesen, hinter den uralten Häusern, wandern entschleunigte Kühe umher und kauen ihr Sommergras – wieder und wieder. Ganz oben auf dem Dach der Häuser ist immer eine Glocke in einem Miniaturhäuschen angebracht. Früher konnte man damit die feldbearbeitenden Bewohner zum Mittagessen rufen. An all dem rollen wir langsam vorbei und landen auf dem Gipfel. Eine Fläche von einem Achtel der Größe eines Fußballfeldes genügt, um einen großen Bauernhof draufzustellen, der als Gaststätte benutzt wird. Man muss das so eigenartig formulieren, weil es ein eigenartiges Mittelding ist. Kein klassisches Restaurant mit gestresstem Personal, aber auch nicht nur bäuerliches Treiben. Es gibt sogar eine Gaststube, aber – klein und fein! Und vor allem (und darum sind wir ja hier) vor dem Haus einige Holzbänke und Holztische, wind- und wettergraut, unter riesigen alten Kastanien.

Der Blick vom Tannberg

Was für ein Blick!!! Man sieht vom Tannberg, der gar nicht so schrecklich hoch ist, alle anderen Berge des Salzkammergutes. Alle! Wie auf einem Theaterprospekt liegen sie am Horizont aufgemalt und geben mit ihrer Schönheit an. Der Tannberg findet seltsamerweise sonst nirgendwo eine gebührende Erwähnung – aber dafür wurde ja unter anderem auch dieses Buch geschrieben – als bestmöglicher Blickpunkt auf alle seine großen salzburgischen Brüder. Er ist nämlich weit genug weg von den steinernen Riesen und ermöglicht dadurch das, was man einen Panoramablick nennt.

Zwei Dirndl im so genannten „Hitzg'wandl" für die Sommerfrisch-Sommer.

Die Jause am Tannberg

Eine liebenswürdige weibliche Person im blauen Dirndl kommt und bringt ein Tablett. Es ist beladen mit einer Holzplatte, auf der sich geräucherter Speck befindet und Schinken und hausgemachte Blutwurst. Dazu, in einem Glasschälchen, geriebener Kren oder „Meerrettich", kleine saure Gurkerln oder „Gürkchen" – gesamteuropäisch würden wir sie „Cornichons" nennen –, Salz, Pfeffer und ein Holzofenbrot, das einen hinterhältigen Angriff auf jede Fastenabsicht darstellt.

Das Brot ist sehr kleinporig gebacken, fast dunkelbraun im Teig, mit überraschend heller, trotzdem knuspriger Rinde. Dazu hellgelbe Bauernbutter und – als ob das alles nicht schon viel zu viel wäre – auf einem zweiten Teller Marillenfleck und Zwetschkenkuchen!

Marillenfleck ist ein Aprikosenkuchen aus hauchdünnem Germteig – Hefeteig – mit überbordend vielen Marillen darauf und mit Zuckerstreusel, die lustig knistern, wenn man reinbeißt.

Der Zwetschkenkuchen ist etwa fünf bis sechs Zentimeter hoch und der flaumige Rührteig mit Pflaumen durchsetzt.

Marillenfleck

20 g Germ in ⅛ l warmer Milch auflösen, mit 50 g Mehl glattrühren und an einem warmen Ort gehen lassen.
40 g Butter schmelzen, 40 g Staubzucker, 1 Ei, 2 Eidotter, 1 Prise Salz, 1 EL Vanillezucker und Zitronenschale beigeben. 200 g Mehl hinzufügen, zu einem glatten Teig verarbeiten und zugedeckt rasten lassen. Teig auf gefettetes Backblech legen und 1 kg gewaschene und entkernte Marillen bis zur Hälfte einschneiden und eng aneinander auf den Teig legen. Im vorgeheizten Backrohr ca. 35–40 Minuten bei 180 °C backen. Mit Staubzucker bestreuen.

Zwetschkenkuchen

180 g handwarme Butter mit 90 g Staub- und 1 EL Vanillezucker schaumig rühren. Nach und nach 5 Eidotter einmengen, 180 g glattes Mehl mit 1 KL Backpulver versieben. 5 Eiklar mit 70 g Kristallzucker zu festem Schnee schlagen. Schnee unter den Butterabtrieb mengen und Mehl vorsichtig unterheben. Teig in die gebutterte Form füllen. 1 kg gewaschene Zwetschken entkernen, halbieren und mit der Hautseite nach unten auf den Teig setzen. Im vorgeheizten Backrohr ca. 45 Minuten bei 180 °C goldbraun backen.

Jetzt würde man am liebsten den Berg hinunter rollen. Dagegen ist nichts einzuwenden! Wir bitten unseren Wagen vorzufahren und am Fuß des Berges auf uns zu warten. Wir werden hinunterspazieren und uns von der Schwerkraft ziehen lassen.

Der Abschied vom Tannberg

Auf unserem Weg durch den Wald freuen wir uns, dass wir – zufällig – ein kleines Kübelchen mitgenommen haben. Mit einem Mal entdecken wir nämlich links und rechts vom Weg Millionen roter Punkte, im Grün des Waldesglühen. Ein Himbeerfeld!

Niemand hindert uns daran, nach links und rechts weg zu brechen und unser Kübelchen randvoll mit Himbeeren zu füllen. Das geht im Salzburger Land. Diese Waldhimbeeren gehören jedermann, sind nicht mit Insektiziden besprüht und warten nur darauf, in ein Kübelchen geerntet zu werden. Am Abend oder am nächsten Morgen kann man sie dann in ein Schälchen mit kalter Milch kollern lassen, ein wenig zuckern, ein wenig zerdrücken und aufessen – diejenigen, die man nicht schon im Wald – pur – in sich hineingestopft hat! Wir besteigen unseren Wagen und beschließen wieder seriös zu werden.

Besuch am Wolfgangsee

Dazu gehört ein Plan. Unser Plan sieht vor, eine kleine Seenrundreise zu machen! Jetzt wird es ernst ... kartographisch, sozusagen. Das wohlige Sich-Treiben-lassen wollen wir nun doch einmal beiseite schieben und uns ernsthaft das Salzkammergut und seinen Seenreichtum erschließen! Wo möchten Sie denn am liebsten anfangen? Natürlich – am Wolfgangsee. Wo sonst?! Warum die Frage? Ganz einfach: Im Jahre 1897 haben zwei Berliner Theaterleute eine Komödie geschrieben, als sie auf Reisen durch Salzburg waren. Und diese Komödie haben sie in ST. WOLFGANG spielen lassen. Im Jahr 1929 hat ein Herr namens Ralph Benatzky eine Musik dazu komponiert. Dann hat sich Robert Stolz gedacht: „Da bin ich dabei!" und noch einige weltberühmte Schlager dazugeschmissen. Und so haben sie Ihr ersehntes „Weißes Rössl" geschaffen, das Sie heute schon wieder zuerst an den Wolfgangsee lockt. So funktioniert Marketing. Fahren wir an den Wolfgangsee.

Im Mittelalter zog es Pilger aus ganz Europa nach St. Wolfgang, das damals natürlich noch nicht St. Wolfgang hieß. Obwohl ER war schon da. Der Wolfgang. Der „Sankt" Wolfgang. Er war ein ungemein beliebter Einsiedler, der sich im Jahr 976 auf dem Berg Falkenstein vor der Welt in die Einsiedelei retten wollte. Er muss sich gefragt haben, ob er irgendwas falsch macht, denn das Sich-Zurückziehen aus der Welt hatte nur zur Folge, dass ihm die ganze

Das „Weiße Rössl" in St. Wolfgang am Wolfgangsee.
Fotografie um 1935

Welt nachgelaufen kam. Ob er eine Antwort auf dieses Rätsel gefunden hat? Wir werden es nie erfahren.

In seiner Freizeit hat er der Architektur gefrönt und eine kleine Kapelle gebaut. Irgendwo muss man ja als Einsiedler auch beten, wenn es zu regnen anfängt. Und es regnet viel im Salzburgischen. Man nennt das den „Salzburger Schnürlregen". Die Kapelle war sicher sehr nett, aber für den Ansturm der Massen denkbar ungeeignet. Also beschlossen spätere Gläubige, Nägel mit Köpfen zu machen und errichteten eine wundervolle, geräumige Kirche. Und im Jahr 1481 schnitzte Michael Pacher für diese richtige Kirche den weltberühmt gewordenen Flügelaltar. Mit Maria und ihrem göttlichen Sohn im Zentrum. Drumherum sind zur Draufgabe noch sechzehn große und vier kleine Tafelbilder arrangiert.

Da gehen wir jetzt hinein. Wir werden uns in das kühle, stille Gotteshaus begeben und ein wenig schweigen. Und nachdenken. Und beten. So, wie es Sankt Wolfgang vor 1000 Jahren hier getan hat und noch mal 1000 Jahre früher vielleicht einige Druiden. Keltische. Das ist schon etwas sehr Spannendes: die Tradition von heiligen Stätten. Vor allem im Bergland des ehemaligen Noricum. Wenn man

Den bedeutendsten Flügelaltar Mitteleuropas verwirklichte Michael Pacher (um 1435–1498) in der Kirche von St. Wolfgang am Wolfgangsee.

sich die Zeit nimmt und genau nachforscht, wird man feststellen, dass fast alle christlichen Heiligtümer auf alten Kultstätten der Kelten errichtet worden sind. Um der Wahrheit die Ehre zu geben: Gottesdienst hielten, findet sich ein christliches Bauwerk. Ich sage nur: die Kathedrale von Chartres, zum Beispiel. Warum ist das so? Sicher nicht aus Einfallslosigkeit.

Einmal Heiligtum, immer Heiligtum.

„Eine kurze spirituelle Einkehr ..."

Die Geomantie liefert uns ein Erklärungsmodell. Die Geomantie, die Lehre von den Kraftfeldern der Erde, erklärt uns, dass es Plätze gibt auf unserem Planeten, an denen sich erdmagnetische Felder kreuzen, verflechten und stärker wirken, als an anderen Orten. Die Polarität des Universums drückt sich auch darin aus. Manche dieser Stätten rauben dem Menschen Energie, weil sie sein biomagnetisches Aurafeld schwächen, andere tun das Gegenteil und stärken das menschliche Wesen. Wenn man eine Zeit lang auf so einem Platz verweilt – sagen wir drei Vaterunser lang und drei Gegrüßet-seist-du-Maria – fühlen wir uns mit einem Mal erleuchtet, erfrischt, belebt, erhellt, erfüllt, gereinigt, geläutert, eins mit uns selbst und näher bei Gott. Was also liegt näher, als an so einer Stätte mit dem Bau einer Raststation zu beginnen. Einer Raststation für Körper, Geist und Seele. Noch dazu, weil man erkannt hat, dass die Strukturen eines hohen, schmalen, überdachten Steinhauses die Wirkungskraft der geomantischen Felder noch verstärken.

Weiter ... weiter ...!

Wir haben uns jetzt endlich eine Visite des „Weißen Rössls" verdient. Die Terrasse ist groß, belebt und bunt bevölkert, oft fotografiert, und der Kaffee schmeckt nach Kaffee. Die Bedienung singt keine Operettenlieder, aber man hat das elitäre Gefühl einer Weltgemeinschaft anzugehören. Von dem Tag an, an dem man im „Weißen Rössl am Wolfgangsee" verschmitzt ein paar Takte vor sich hingesummt hat!

Weiter, in die Steinzeit.

Der Mondsee

Man kann um den großen See herum forschen und wird Reste alter Pfahlbauten entdecken. Im Schlamm der Uferzonen. Dort haben die steinzeitlichen Mondseer ihre Einfamilienhäuser hineingebaut. Raffiniert – nicht wahr? Man musste nur die Angel aus dem Wohnzimmer hängen und hatte zehn Minuten später das Mittagessen im Haus. Und das ohne Lizenz! Außerdem konnte man sich gut gegen Angreifer verteidigen und, wenn es doch eng wurde, mit Booten auf die andere Seeseite flüchten. Viel mehr als diese Baumstümpfe im ufernahen Gebiet haben sie uns nicht hinterlassen. Dazu war wohl auch keine Zeit – damals. So wie später, als die Römer erste richtige Häuser und einen echten Ort errichteten. Mit dazupassender Landstraße mit vielen weichen Kurven. Aber ach! Auch diese Dokumente menschlicher Existenz fielen dem Sturm der Zeit zum Opfer!

Aber Grundmauern fallen fast nie. Und diese Grundmauern der Römer benutzte Herzog Odilo II, um im Jahr 748 ein Kloster zu bauen. Dann ging's los! Auf diesen Bau waren die Menschen so stolz, dass sie über tausend Jahre – bis heute – auf die Siedlung am Mondsee aufgepasst haben. Damit sie nicht wieder kaputt geht. Im Laufe der Jahrhunderte haben sie dann noch, kurz vor 1500, die spätgotische Stiftskirche gebaut – immerhin die zweitälteste Kirche Oberösterreichs. Und auch hier hat einer zu schnitzen angefangen – und zwar wieder Johann Meinrad Guggenbichler – und hat den weltberühmten Corpus-Christi-Altar hingestellt. Beeindruckend.

Was könnten wir noch tun in Mondsee? Wir könnten ein andermal wieder hierher fahren, wenn ein Volksfest ist. Mit Feuerwerk. Das zahlt sich aus, sag ich Ihnen! Weil Sie's zum Preis von einem Feuerwerk gleich doppelt erleben werden. Erstens brennen die ganze Zeit über hunderte Fackeln an der Bergwand, die den See begrenzt. Eine magische Perlenkette lebenden Feuers, aufgereiht wie die Perlen von Scheherazade, flirrend und betörend. Zweitens wird das Feuerwerk so strategisch geschickt abgebrannt, dass es sich für den entfernten Betrachter im dunklen Wasserspiegel des nächtlichen Sees spiegelt. Und das bedeutet: zwei Bilder einer berstenden Rakete zum Preis von einer!

Wir wollen noch manch Vergnügliches erforschen auf unserer Expedition, warum also nicht ST. GILGEN? Noch mal kurz zurück zum Wolfgangsee? Wer sagt, dass wir immer nur linear von A nach B nach C nach D müssen? Das ist „unsalzburgisch"! Wir sollten uns erlauben, uns treiben zu lassen und unseren Einfällen und Launen verspielt nachzugehen. Wie die Klänge von W. A. Mozart …!

Haben Sie eine kleine Ahnung, warum ich mit Ihnen nach St. Gilgen pilgern möchte? Nicht nur wegen der Seilbahn, die uns auf das Zwölferhorn hinaufzieht – nein – wegen eines netten, kleinen, alten Bürgerhauses, in dem die Mutter von Wolfgang Amadeus Mozart geboren wurde. Damals war das Haus noch kein Museum, aber heute ist es eines. Mit Devotionalien aus seiner Zeit voll geräumt. Noch dazu, wo seine Schwester „Nannerl" auch hier gelebt hat.

Eine Tafel an einem unscheinbaren St. Gilgener Bürgerhaus verrät, dass hier die Mutter von Wolfgang Amadeus Mozart, Anna Maria Pertl, geboren wurde.

BILD RECHTS Der Kirchturm der Pfarrkirche St. Gilgen am Wolfgangsee.

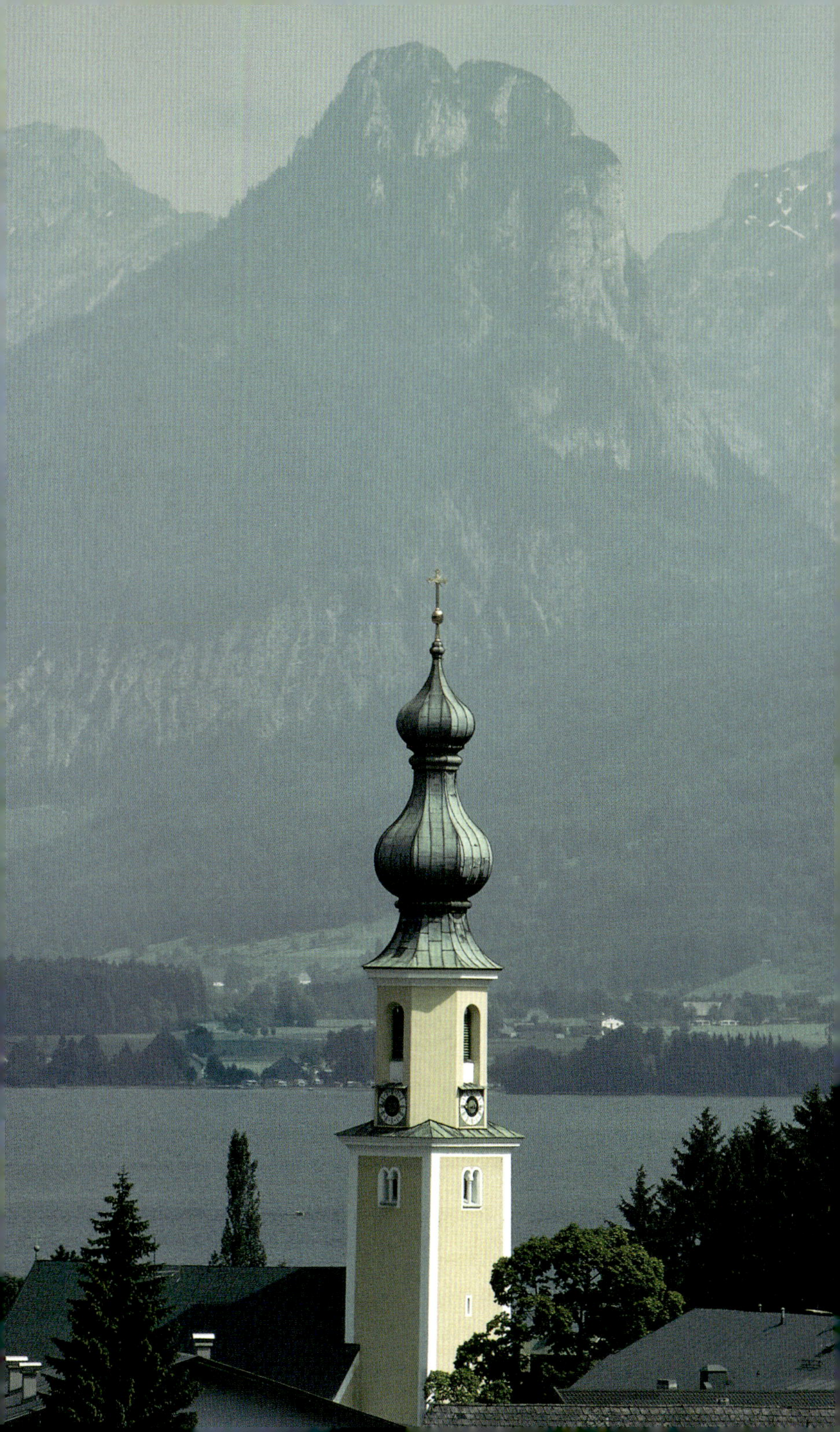

Auf Spurensuche!

Keine Hast, wir werden schon in der Getreidegasse, in Salzburg, in das Haus gehen, in dem er geboren wurde, aber diese Spurensuche ist doch auch fabelhaft. Weil Herkünfte so viel verraten über eine Biographie.

Wenn sie damals gewusst hätte, was sie da tut, indem sie Wolfgang Amadeus Mozart auf die Welt bringt, sie hätte schon damals eine Geburtstafel an ihrem Haus anbringen lassen. „Hier wurde SEINE Mutter geboren" – zu Recht! Zu Recht deshalb, weil sich ihr Sohn nicht ohne historischen Hintergrund Salzburg als Stätte seiner Reinkarnation ausgesucht hat. Dieses Salzburg, das am Schnittpunkt unserer zwei roten Fäden liegt, scheint vom lieben Gott mit einem Notenschlüssel aufgesperrt worden zu sein, ähnlich wie Wien, aber doch … man möchte fast sagen … privater. Bei Wien scheint es auf der Hand zu liegen. Die Kapitale, der Kaiser, der Hof, alles drängt zum Licht … so auch dutzende von Menschen … aber das kleine SALZBURG?

Wieso hat gerade dort ein nie erlöschender Funke der Inspiration zugeschlagen? Um bei der Wahrheit zu bleiben muss man sagen, dass es sich um ein Verdienst der Kirche handelt. Der heiligen, römischen, katholischen Kirche.

Wir sollten allgemein theologische Ausflüge und Nachdenklichkeiten in den Inhalt eines anderen Buches verlagern und uns einfach den Fakten widmen. Den Erzbischöfen war damals langweilig und sie wollten unterhalten werden. Sie hatten eben das Geld dazu, sich Musiker zu halten, neben Kutschern, Köchen und Kerzenanzündern.

So in etwa muss die hierarchische Struktur verstanden werden, die damals geherrscht hat. Ein Musikus war – mehr oder weniger – ein Radio auf zwei Beinen, das man bei guter Pflege auch dazu anhalten konnte, Originäres zu produzieren!

Was man von den erzbischöflichen Pferden eigentlich nicht behaupten konnte – die aber trotzdem in prächtigeren Stallungen nächtigten als die Musizi.

Zu Glühen begonnen hat das Licht der Musik in Salzburg im 14. Jahrhundert. Romantisch wie so ein Anfang auszusehen hat, erzählt man sich vom „Mönch von Salzburg", von dem man weder weiß, wie er geheißen hat, noch, ob er überhaupt existiert hat.

„Der Mönch von Salzburg"! Man sieht sofort ein kleines Fenster im klösterlichen Gemäuer, nur vom spärlichen Schein einer einsamen Kerze erhellt ... um halb vier Uhr früh, während alle anderen Mönche – und vor allem ganz Salzburg – schlafen, sitzt der „Mönch von Salzburg" an seinem schlichten Holztisch und komponiert zu Gottes höherer Ehre. Seine Handschriften existieren und können eingesehen werden. Sein Name allerdings wird uns Heutigen auf ewig im Nebel der Jahrhunderte verborgen bleiben.

Nicht aber der Name seines Finanziers. Das war nämlich der Erzbischof Pilgrim II., der mit seinen Auftragswerken (die damals noch nicht so hießen) den Beginn einer Jahrhunderte andauernden Tradition gesetzt hat.

Von diesem mönchischen Startschuss an (man möge mir die saloppe Formulierung verzeihen) begannen sich die musikalischen Ausnahmeerscheinungen in dieser Stadt zu häufen.

So gab es zum Beispiel einen Herrn Finck – Heinrich Finck – im 15. Jahrhundert und einen Herrn Paul Hofhaimer (ebenfalls im 15. Jahrhundert), die mit ihren außergewöhnlichen Kreationen begannen, Salzburgs Ruf als Musikmetropole in das damals kulturell noch zu befruchtende Resteuropa zu bringen.

Dann aber – nach Jahren und Jahrzehnten gründlicher Aufbereitung des musischen Bodens – kam einer, der Nägel mit Köpfen machte!

Wolf Dietrich von Raitenau (Wir kennen ihn als Initiator des einen oder anderen Gebäudes.) gründete die „Fundation der fürstlichen Chormusik". Damit war eine Entwicklung eingeleitet, die man ruhig mit dem Silicon Valley vergleichen kann. Während der „Mönch von Salzburg" noch einsam und allein gegen alle, wie Bill Gates in der Garage, seine ersten Erfolge zusammenzimmerte, waren nun ein Netzwerk und eine Struktur geschaffen, die bahnbrechend waren!

Nun war eine Kapelle gegründet, die immer neue Mitglieder aufnehmen und vor allem auf dem neuesten Stand der Musikgeschichte ausbilden konnte.

Ihre Vorstände (die frühen Karajans ihrer Zeit) hatten multiple Aufgaben zu erfüllen: Einstudierung der Werke, Eigenkompositionen vorlegen (!), wenn möglich monatlich (!!), Dommusik, Theatermusik, Kammermusik koordinieren und arrangieren und last, but not least, sich mit den Kollegen in Resteuropa kurzschließen, um auf dem neuesten Stand der Entwicklungen zu bleiben. Und das alles für mehr als geringen Lohn – aber doch Gottes Segen!

Wolfgang Amadeus Mozart am Klavier.
Gemälde von Joseph Lange, 1782/83

Der Erzbischof Markus Sittikus war es dann auch, der sich dachte, „lasst uns das Land erleben, in dem die Zitronen blühen" und der daraufhin die damaligen Rockstars – die Italiener – darum ersuchte, das kühle Salzburg musikalisch zu befruchten. Nichts leichter als das, dachte man sich im Süden, und importierte DIE Sensation der damaligen Zeit – das „Dramma per Musica".

Das schlug ein wie eine Bombe. Der Erzbischof war dermaßen hin und weg, dass er eine barocke „Verwandlungsbühne" bauen ließ, um sogleich die aller-, allererste (!) Opernaufführung nördlich der Alpen stattfinden zu lassen.

Mit diesem Background ließ es sich gut leben und Erzbischof Max Gandolf holte dann so um 1670 herum Georg Muffat als Domorganisten nach Salzburg – schickte ihn aber zuerst nach Rom (!) (Italien!) zu Arcangelo Corelli, um Italiensound zu studieren. Nachdem Hofkapellmeister Heinrich Ignaz Franz Biber (so um 1680)

Mozarts Geburtshaus in der Getreidegasse, an der Wand ein Porträt von Constanze Mozart.

die Missa Salisburgensis schrieb, war die musikalische Sphäre Salzburgs fest in italienischer Hand und europaweit so durchgesetzt, wie MTV bei uns Heutigen.

Der Herr Biber ist deswegen so erwähnenswert, weil er zwei Mitglieder in seinem Orchester hatte, deren Namen einen gewissen Bekanntheitsgrad erreicht haben: Johann Michael Haydn (der Bruder vom großen Joseph) und vor allem Leopold Mozart!

Endlich sind wir dort angelangt, wo wir hinwollten. Beinahe am Endpunkt einer Kette, die mit einem namenlosen Mönch begonnen hat und uns Schritt für Schritt zu einem der größten Namen führen musste, der jemals auf diesem Erdball für Musik stehen sollte.

Und seine Mutter, die in jenem hübschen Häuschen in St. Gilgen gelebt hat, seine Mutter hat vielleicht von all diesen Historien nicht den blassesten Schimmer gehabt. Das war aber auch nicht nötig, um sich in Leopold zu verlieben und letztlich die Mutter von W.A.M. zu werden. Nötig war offenbar nur, dass es geschieht. Und dass es dort geschah. In Salzburg. In diesem mystischen Brennpunkt aus Vergangenheit und Zukunft. In diesem Kleinod der Außergewöhnlichkeiten, in diesem Tempel der Visionen. Ich gerate ins Schwärmen …

Wie Sie vielleicht feststellen können, hat Salzburg einen „Linseneffekt". Den Effekt einer optischen Linse meine ich. Salzburg sammelt alle, von allen Seiten kommenden Strahlen und Einflüsse, und bündelt sie zu einem Laserstrahl der Außergewöhnlichkeit.

Es gibt kein Haus, keine Straße und keine Partitur, die in dieser Stadt geschaffen wurde, die nicht vom Glanz einer exquisiten Idee durchschimmert wäre. Obwohl – lassen Sie mich kurz auch einmal ein wenig Salz in die Suppe unserer Verliebtheit streuen. Sie erkennt manchmal einfach nicht sofort, mit wem sie es zu tun hat. Das scheint ein Ergebnis von zu hoher Strahlkraft zu sein. Sie blendet.

Diese Blendung und ihre Folgen musste auch W.A.M. erleben. Leider, leider. So leid es einem nur tun kann, wenn ein Erzbischof seinen Musiker mit einem Fußtritt aus seinen Diensten entlässt. Und der daraufhin – zu Recht! – beleidigt ist und nach Wien emigriert. Werden wir je erfahren, was geschehen wäre, wenn es diesen

Fußtritt nicht gegeben hätte? Hätte es so sein können, dass W.A.M. in Salzburgs Enge (aus seiner Sicht) verblieben wäre, um sich dort künstlerisch unterdrücken zu lassen? Hätte es geschehen können, dass das Genie „brav" gemacht worden wäre, kaserniert, dass sein edler, ungestümer Geist von einem Mustang in einen Droschkengaul verwandelt worden wäre? Fragen über Fragen. Aber sie sind alle (!) mit einem klaren und deutlichen NEIN zu beantworten. Weil das eben nun mal das Merkmal des Genies ist: an der Wegscheide zwischen Sicherheit und abstumpfender Gewöhnung und Ungewissheit und Todesgefahr, die Gefahr zu wählen.
„Dort wo des Wand'rers müder Fuß zur Umkehr drängen muss, dort spreizt der Adler seine Schwingen und lässt den Höhenflug gelingen!"

So auch bei Wolfgang Amadeus Mozart.

Und was für eine Explosion an Karriere daraufhin stattgefunden hat, werden wir jetzt hier nicht schreiben. Wer das nicht weiß, dem kann auch dieses Buch nicht helfen. Aber – bei allem Verständnis für das Auf- und vor allem das Ausbrechen dieses Genies, aus den ihm zu engen Gassen und Verhaltenskodizes – er hätte niemals ausbrechen können, wenn nicht die allgemeinen Strukturen des künstlerischen Lebens in SALZBURG so vorhanden gewesen wären, wie sie es nun einmal waren!

Wir sehen, manchmal braucht es Jahrhunderte des Aufbaus, Jahrhunderte, in denen der Eine auf den Schultern des Anderen steht, bis es dem letzten in der Entwicklungsreihe gelingt, zu den Sternen zu greifen! All das sei der wunderbaren Mutter von Wolfgang ins Tagebuch geschrieben. Sie ruhe in Frieden …

BAD ISCHL! Die Sommerfrische von Kaiser Franz Joseph! Und dazu der Ort, an dem er sich mit Sisi verlobt hat! Also mit Prinzessin Elisabeth von Bayern! Verlobt! Der Kaiser! Mit Sisi! In Bad Ischl!

Die Kaiservilla in ihrem griechisch-römischen, aber doch dezenten Stil – Sommerfrischenstil sozusagen –, das romantische „Marmorschlössl" im Park der Kaiservilla. Das Marmorschlössl, der

In der Kaiservilla in Bad Ischl verlobten sich 1853 Kaiser Franz Joseph I. und Elisabeth.

Platz an dem sich die Kaiserin – also Sisi – so gerne aufgehalten hat, damals ... in der Sommerfrische ... und tagelang nur Blutsuppe gegessen hat, um schlank zu bleiben. Das haben sie in der Sisi-Trilogie leider nicht gezeigt. Aber es wird auf ewig unvergessen bleiben, wie Romy Schneider – also Sisi – ihrem Vater zugerufen hat: „Der Franzl, der Franzl kommt!" Hinreißend! An der Stelle im Film waren sie noch nicht verlobt und sie hat in Wirklichkeit auch noch normal gegessen. Aber dann haben sie sich verlobt.

Jetzt schlendern wir durch den Kurpark und das Léhar-Museum zur Konditorei „Zauner".

Der Zaunerstollen wurde 1905 von Josef Nickerl (3. v. re.) erfunden.

Eine Anleitung zum meditativen Genuss ...

Sie fragen sich, warum fast jeder der Gäste ein Stück schwarzes Brot auf dem Teller liegen hat, mit seltsamer glänzender Kruste. Es ist kein schwarzes Brot – es ist der weltberühmte (!) Zaunerstollen! Ein philosophischer Hinweis der kulinarischen Welt, dass die bemerkenswertesten Erlebnisse oftmals im schlichten äußeren Gewand unseren Weg kreuzen. Um uns zu prüfen! Um zu hinterfragen, ob wir dem Prunk und Tand glitzernder Äußerlichkeit verfallen sind oder das wahre Wesen erkennen können. Im schlichten Gewand. Wer glaubt, dass leuchtend rote kandierte Kirschen, cremiges Beiwerk und Zuckergirlanden nötig sind, um zu gefallen, den belehrt der Zaunerstollen eines Besseren. Er sieht aus wie ein Laib sehr dunklen Brotes mit glänzender Kruste. Aus. Punkt. Sonst nichts. Aber! Der Inhalt! Unter der knackend dünnen Bitterschokoladenglasur (der glänzenden Rinde) liegt eine mittelfeste, besser sollte man sagen, eine bissfeste Masse aus Nougatschokolade, durchsetzt mit Krokantteilchen, die im Mund leicht erregend knuspern, während bei jedem Stückchen, das man kaut, die nougat-bittrige Stollenmasse wohlig zergeht. Dieser Akkord aus wohlschmeckendem und knusprigem Material ist – weltberühmt! Wenn ich Ihnen etwas empfehlen darf: Essen Sie nur kleine oder sogar kleinste Stückchen. Langsam ... langsam! Machen Sie aus der Scheibe, die man Ihnen serviert, gewissermaßen unzählige kleine Pralinchen. Stück für Stück. Und – noch eine Empfehlung – trinken Sie einen großen schwarzen Espresso dazu. Also im arabischen Stil. Sie kennen doch Rahat?! Die süßen Geleewürfelchen mit Rosengeschmack. Der Araber legt ein Rahatstückchen an den Gaumen und schlürft seinen türkischen Kaffee, in kleinsten Schlucken, darüber hinweg. So löst sich das Süßwerk nach und nach auf und vermählt sich mit dem Schwarz des Kaffees. So empfehle ich Ihnen, es auch mit dem Zaunerstollen zu betreiben. Schwarz auf schwarz.

„Gleiches heilt Gleiches", würde Philippus Theophrastus Bombastus von Hohenheim, alias Paracelsus sagen, der ja um 1540 herum in Salzburg gelebt und gearbeitet hat und trotz hohen medizinischen Wissens auch hier gestorben ist. Immerhin hat er den Grundstock gelegt für unsere heutige Arzneimittelkunde. Und hat quasi als erster das homöopathische Prinzip nicht nur erkannt, sondern auch schriftlich niedergelegt. Und die Lehre von den Analogien in der Natur, im Körper und in der Seele. Auch das Rezept des Zaunerstollens ist – nach gründlicher Recherche – in Wahrheit auf ihn zurückzuführen!

Nehmen Sie sich doch einen von den Stollen mit, auf unsere Reise! Es gibt ihn in mindestens drei verschiedenen Größen, gefällig verpackt und stoßfest. Wenn Sie mitten im Jahr Sehnsucht nach ihm bekommen, rufen Sie einfach bei der Konditorei Zauner in Bad Ischl an, geben Ihre Adresse und Kreditkartennummer bekannt (Ablaufdatum der Karte überprüfen) und man wird Ihnen eine Notration überallhin nachschicken – weltweit.

Dann werden wir uns jetzt – antipodisch gewissermaßen – mit dem Tod auseinandersetzen!

Der schöne Tod in Hallstatt

Nachdem wir dermaßen im prallen Leben gewühlt haben, wird uns eine stille Einkehr und ein „Memento mori" wieder ins Gleichgewicht führen.
Mittlerweile sind wir mit unserem Wagen in HALLSTATT angekommen! Ja – so schnell geht das hier im Salzburgischen! Hallstatt ist nämlich nur zweiundzwanzig Kilometer von Bad Ischl entfernt. Hallstatt! „Moment mal, da liegt doch das Wort ‚Hal' drinnen?", ruft der lernfreudige Bildungstourist. „Hal" heißt „Salz" auf keltisch – also sind wir in „Salzstatt"!

Gehen Sie doch bitte einmal in dieses kleine Haus, gleich neben der Kirche, die man in den Felsen hineingebaut hat – gotisch!

Nicht erschrecken! Ich gebe zu, der erste Moment ist etwas Furcht erregend. Wir sind nämlich im weltberühmten (!) Beinhaus von Hallstatt. Die Knochen und Totenköpfe von über 1200 Toten liegen hier auf Holzregalen, nett arrangiert. Kopf an Kopf. Und fast alle sind auf liebevolle Weise beschriftet. Auf der Stirne. Da liegt der Hirtinger Aloisius neben der Kramreiter Anna und schweigt das ewige Schweigen. Einige besonders aparte Totenschädel haben rote Rosen auf die Stirne gemalt – als letzten Gruß und „first hello" für das Jenseits.

Das ist die versteckte Botschaft in diesem Beinhaus, wenn man sie so daliegen sieht, die Hohlköpfe, die Feinde und die Verliebten von gestern. Die Botschaft lautet: „Was soll's – carpe diem!" Eines Tages bleibt ein Knochen übrig, der nie mehr aufhört zu grinsen.

„Armer Yorrick, wo sind nun deine Späße?" (Shakespeare, Hamlet, Totengräberszene). Gleichzeitig erleben wir eine Aufforderung in diesem Häuschen, die auf einem normalen Friedhof so nicht zu erlangen ist: Leben! Leben, leben, leben – so lange man noch lebt! Das ist die wahre Botschaft des Todes. Leben, lachen, neugierig sein, lieben, scheitern, hoffen, stürzen, wieder aufstehen, Zaunerstollen bestellen und sich nachschicken lassen – weltweit!

Botschaft angekommen? – Gut. Was muss man über Hallstatt wissen? Seit 2500 v. Chr. war der Ort besiedelt. Dann hat man hier keltisch gelebt und seinen Hausrat so verschütten lassen, dass wir ihn ausgraben konnten und diese Epoche ganz begeistert die „Hallstatt-Zeit" nennen können.

Wirklich beeindruckend ist das älteste Salzbergwerk der Welt. Man muss nur mit der Seilbahn ins Hochtal fahren und sich dann ehrfürchtig in die uralten Stollen begeben. Und fassungslos zur Kenntnis nehmen, dass die Bergleute schon im Jahr 1595 die Salzsole über vierzig (!) Kilometer in einer Leitung nach Ebensee geleitet haben, um sie dort zu verarbeiten. Unfassbar, nicht wahr? Demut

Die Dachstein-Rieseneishöhle ist eine der größten unterirdischen Eislandschaften Mitteleuropas.

stellt sich ein. Vor dieser Demonstration des menschlichen Geistes und Willens. Ein kurzes Verweilen in Ehrfurcht möchte ich Ihnen nicht verwehren ... Apropos „Ehrfurcht": Kommen Sie doch einmal zu „Fronleichnam" nach Hallstatt, dann erleben Sie die weltberühmte (!) Bootsprozession mit der heiligen Monstranz auf dem See.

„Einige kulturelle Parallelen ..."

Einmal erlebt – nie vergessen! Die Boote und Zillen werden, ähnlich wie die Gondeln in Venedig, mit einem Einzelruder vorwärts bewegt, also ist ein Vergleich mit Venedig und seiner Blumenprozession, anlässlich der Vermählung Venedigs mit dem Meer, durchaus erlaubt.
Sie haben sicher auch die Sage vom Kaiser Barbarossa gehört, der tief im Untersberg mit einigen wenigen Getreuen, in seinem

Die kunstvoll bemalten Schädelknochen werden im Hallstätter Beinhaus aufbewahrt, weil infolge von Platzmangel auf dem Friedhof das Recht auf ein Grab nach 10–15 Jahren erlosch.

steinernen Thronsaal sitzt und schläft und auf das Ende aller Zeiten wartet. Und während er wartend schläft (was sollte er auch sonst tun, mitten im Berg?) wächst sein Bart langsam und ewig weiter, rund um seinen steinernen Tischfuß, langsam, ewig – und so lange die Raben um den Gipfel des Untersberges fliegen ist das Ende aller Zeiten auch noch nicht da.

Das klingt wie eine Parallele zu den Affen auf dem Felsen von Gibraltar, von denen die Engländer erzählen: So lange die Affen von Gibraltar auf dem Felsen von Gibraltar herumturnen, so lange wird Gibraltar britisch bleiben! Darum haben sie auch extra einen Gibraltar-Affen-Fütterer abgestellt, der täglich damit ausgelastet ist, den britischen Anspruch auf Gibraltar bei den Affen nicht in Vergessenheit geraten zu lassen.

Die Salzburger sind da dem Schicksal gegenüber vertrauensvoller, denn obwohl niemand die Raben mit täglichem Füttern zum Verweilen überredet, fliegen sie immer noch um den Untersberg herum.

Den Thronsaal von Barbarossa kann ich Ihnen leider nicht zeigen, da der Herrscher auf Diskretion größten Wert legt. Aber gleich gegenüber von Hallstatt – in OBERTRAUN – liegen die Mammuthöhlen, die Dachsteineishöhlen und die Koppenbrüllerhöhle. Eisdome, Tropfsteine, das Ganze oft bis zu 300 Meter hoch.

Ein kleiner Abschied

Genug der klaren Seen, der hohen Gipfel und der düst'ren Höhlen. Die Eifersucht, die die anfangs unerwähnten Gewässer empfunden haben mögen (angesichts der rücksichtslosen Liebeserklärung an den Wallersee), sollte nun etwas beruhigt sein.

Jetzt wollen wir uns IUVAVUM nähern, wie der Römer sagen würde. Wie lautet die Aufforderung eines der Tempelpriester an Papageno in der Zauberflöte so schlicht: „Sammle dich – und sei ein

Mann!" Diesem Aufruf wollen wir Folge leisten, unseren Wagen besteigen und uns gemächlich der Hauptstadt nähern.

„Schon winkt auf hohem Bergesrücken/ Akrokorinth des Wandrers Blicken,/ und in Poseidons Fichtenhain/ tritt er mit frommem Schauder ein." – Jedes Mal muss ich an diese Zeile aus dem Poem „Die Kraniche des Ibykus" denken, wenn ich die Festung Hohensalzburg auf ihrem „hohen Bergesrücken" liegen sehe – und winken! Die größte erhaltene Burganlage Europas (!) gebietet in der Tat, sich voller Ehrfurcht zu nähern, wenn man sie so daliegen sieht. Uneingenommen! Ja! Uneingenommen. Das muss ihr erst einmal eine nachmachen. Eine andere Burg, meine ich. Niemals, in ihrer ganzen Geschichte, wurde die Burg über IUVAVUM erobert.

Wir werden nicht gleich zum Parkplatz rasen, in die Zahnradbahn springen und in sieben Minuten im Burghof, unter lauter Gruppenreisenden, herumtapsen. Nein – so ordinär wollen wir uns nicht gebärden. Wir werden der alten, jungfräulichen, uneroberten Dame ein fröhliches „Gott zum Gruße" zurufen und uns erst einmal dem nahen Umfeld der Stadt widmen! Das hat Stil!

„Das Umfeld"

Machen wir es wie ein galanter Verführer, der Einlass begehrt in die Kemenate seiner Sehnsucht. Fahren wir gemeinsam um die Stadt herum und beginnen wir damit in – Bergheim! Warum, werden Sie fragen, fahren wir etwa drei Kilometer in den Norden vor der Stadt, nach BERGHEIM? Ganz einfach – weil genau dort die wohl berühmteste und meist besuchte Wallfahrtskirche der ganzen Region steht: Maria Plain. Diese Kirche wurde von keinem Franzosen, keinem Russen und keinem Norweger erbaut – sie wurde von einem Italiener erbaut und zwar von Giovanni Antonio Dario, in den Jahren 1671-74. Jetzt fühlen Sie sich wieder einmal zu Ihrer Beruhigung ausreichend informiert? Ich habe es geahnt ... etwas später werden Sie in diesem etwas unüblichen „Reiseführer" noch weitere Anmerkungen zur „Italianità" finden.

Um genau zu sein, werde ich das ganze Buch über nicht mehr aus dieser, für Salzburg so wichtigen Verzauberung herausfinden, in die Italien diese Gegend verhext hat.

Eine architektonische Kurzanalyse: Barock, zwei Türme – drei Ebenen – fünf Achsen.

So, jetzt haben Sie die Grundlagen, so ungefähr muss das Auftragsgespräch zwischen Bauherrn und Architekten im Barock gelautet haben. Selbiger (der Architekt) hat sich trotz dieser einsilbigen Auftragsdefinition nicht lumpen lassen und ein absolutes Juwel dort hingestellt auf den Plainberg. Die ganze Pracht dient der Behausung eines Marienbildes. Diesem Marienbild werden wundertätige Kräfte zugeschrieben, wovon eine Unzahl von unnütz gewordenen Krücken an den Kirchenwänden Zeugnis ablegen. Dankgebete finden wir hier ohne Zahl und Ende. Fast jede Krankheit hat SIE irgendwann einmal geheilt … Maria, die Mutter Gottes!

Die Wundersame, das scheint sie an diesem Ort tatsächlich zu sein – hat doch ihr Bild einmal einen riesigen Brand unversehrt überstanden.

Wer, glauben Sie, hat übrigens die Krönungsmesse für dieses Marienbild geschrieben? „Es kann nur einen geben" – Wolfgang Amadeus Mozart!

Für Ihren kleinen Koffer mit Wissensschatz noch ein liebevolles Detail: Wieso heißt die „Krönungsmesse" eigentlich „Krönungsmesse"? Im Zusammenhang mit einem Gemälde? Ich sage es Ihnen: Zuerst gab es das Gemälde von Maria … und dann, um dem Ganzen noch mehr Glanz und Würde zu verleihen, hat man eine Goldkrone anfertigen lassen und sie der gemalten Maria über dem Haupt platziert. Und zu dieser Gelegenheit hat dann Wolfgang die besagte „Krönungsmesse" komponiert, um dem Ganzen die Krone aufzusetzen sozusagen. (Sie verstehen diese kleine blasphemische Wortspielerei im Zusammenhang mit diesen hohen Dingen.) Nicht wenige Genies haben ihr Bestes für diese Kirche gegeben: Frans de Neve (Altäre), Thomas Schwanthaler (Engelfiguren) und Martin

Die barocke Wallfahrtskirche in Maria Plain
beherbergt ein Marienbild, dem wundertätige Kräfte zugeschrieben werden.

Johann Schmidt – der „Kremser Schmidt" – (Kanzelgemälde), haben sich gemeinsam in dieser Kirche ausgetobt ... künstlerisch.

Wenn Sie wirklich wissen wollen, was wallfahren heißt, dann müssen Sie allerdings einmal unterhalb der Kirche beginnen. Dort, wo im Jahr 1705 der erste von fünfzehn Bildstöcken, die den Pilger hinauf zur Kirche führen, errichtet wurde.

Falls Sie dies sehr ermüdet haben sollte und falls Sie hungrig geworden sind – also für diesen Fall müssen wir kurz im anschließenden Gasthof einkehren (wie echte Wallfahrer eben) und das unglaublich beste Backhenderl des ganzen Salzkammergutes bestellen und essen! Vielleicht einen kleinen, kleinen Schluck gekühlten Weißweins dazu?

Im Anschluss an diese Stärkung begeben wir uns weiter nach HALLWANG (Man achte auf das „Hal" im Namen), wo wir eine zweite Wallfahrtskirche besuchen können – ohne Backhenderl – versteht sich. Sie ist dem St. Antonius von Padua geweiht und scheut sich nicht, als zentrales Bild in ihrem Hochaltar eine Kopie des Marienbildes von Maria Plain zu beherbergen.

Wollen wir uns blitzartig davon überzeugen, dass Salzburg nicht nur aus dem „Gestern" besteht?

Folgen Sie mir nach PARSCH. Dort gibt es eine wirklich sehenswerte Pfarrkirche zum Hl. Blut von Wilhelm Holzbauer, Friedrich Kurrent und Johannes Spalt, aus den fünfziger Jahren. Und als ob die drei nicht schon genug wären, hat Fritz Wotruba über dem Nordportal ein Betonkruzifix hinterlassen, was Oskar Kokoschka natürlich nicht ruhen ließ, der daraufhin am Südportal Sündenfall und Taufe Christi verewigt hat. Seltsam, sollen das alle sein? Fünf Künstler von Weltruhm, für nur eine Kirche? Nein, die Glasfenster hat Josef Mikl geschaffen. Vor 300 Jahren hat so etwas noch ein Italiener hingekriegt, aber ach, die Zeiten und ihre Läufe ...

Genug der modernen Vielfalt; ab nach AIGEN, um endlich ein nicht-italienisches Gefühl zu erleben.

Schloß Aigen! Aus dem Jahr 1402! Es ist in der Art eines englischen

Landsitzes gestaltet und behauptet in dieser „Italianità", die Salzburg durchzieht, den paneuropäischen Gedanken! (Es wird nicht das einzige englische Detail bleiben!)

Weiter um die Stadt herum – nach Elsbethen, das zwar schon 930 schriftlich erwähnt wird, aber bei genaueren Forschungen preisgegeben hat, dass es bereits in der Jungsteinzeit „Elsbethener" gegeben hat, die sich mehrheitlich grundbuchmäßig auf einige Onkels in der Altsteinzeit berufen konnten. Außerdem gibt es – (Wen wundert es?) einen römischen Gutshof und das Schloß Goldenstein aus dem 15. Jahrhundert. Und ein Heimatmuseum und das Kloster St. Ursula (und das in Elsbethen!), das eine Madonna mit Kind, von Michael Pacher, beherbergt!

Zum Durchatmen – lassen Sie uns durch Anif einfach durchgleiten, mit der entspannten Haltung des Connaisseurs. Immerhin hat hier Herbert von Karajan gewohnt (und seine Familie tut dies noch immer) … über dieses Weltgenie werden sich zu späterem Zeitpunkt in diesem Buche Bemerkungen finden … Denn: da vorne erspäht unser Blick die vorhin angedeutete zweite englische Zitatbauweise. Das Wasserschloß von Anif. Errichtet im 19. Jahrhundert, im Stil der Tudor-Gotik. Irgendwer muss sich berufen gefühlt haben, auch Touristen von der großen Insel ein „Aha-Erlebnis" zu verschaffen.

Wirklich hübsch ist es, das Wasserschloss im Tudor-Gotik-Stil – very british – indeed!

Jetzt rollen wir an den Schlössern Freisaal, Frohnburg, Emsburg und Emslieb einfach einmal so vorbei – wie es Leute eben tun, denen Schlösser bereits zum täglichen Brot geworden sind.

Sie sind schon ein wenig versalzburgert. Vier Schlösser … und wir fahren einfach so vorbei …

Noch gestern wären Sie beim Anblick nur einer dieser Hütten in die Knie gegangen, hätten auf eine Führung bestanden und interessiert in den ausgetrockneten Burggraben gestaunt. Bei nur einem!

BILD NÄCHSTE SEITE **Die Prunkräume der Residenz**

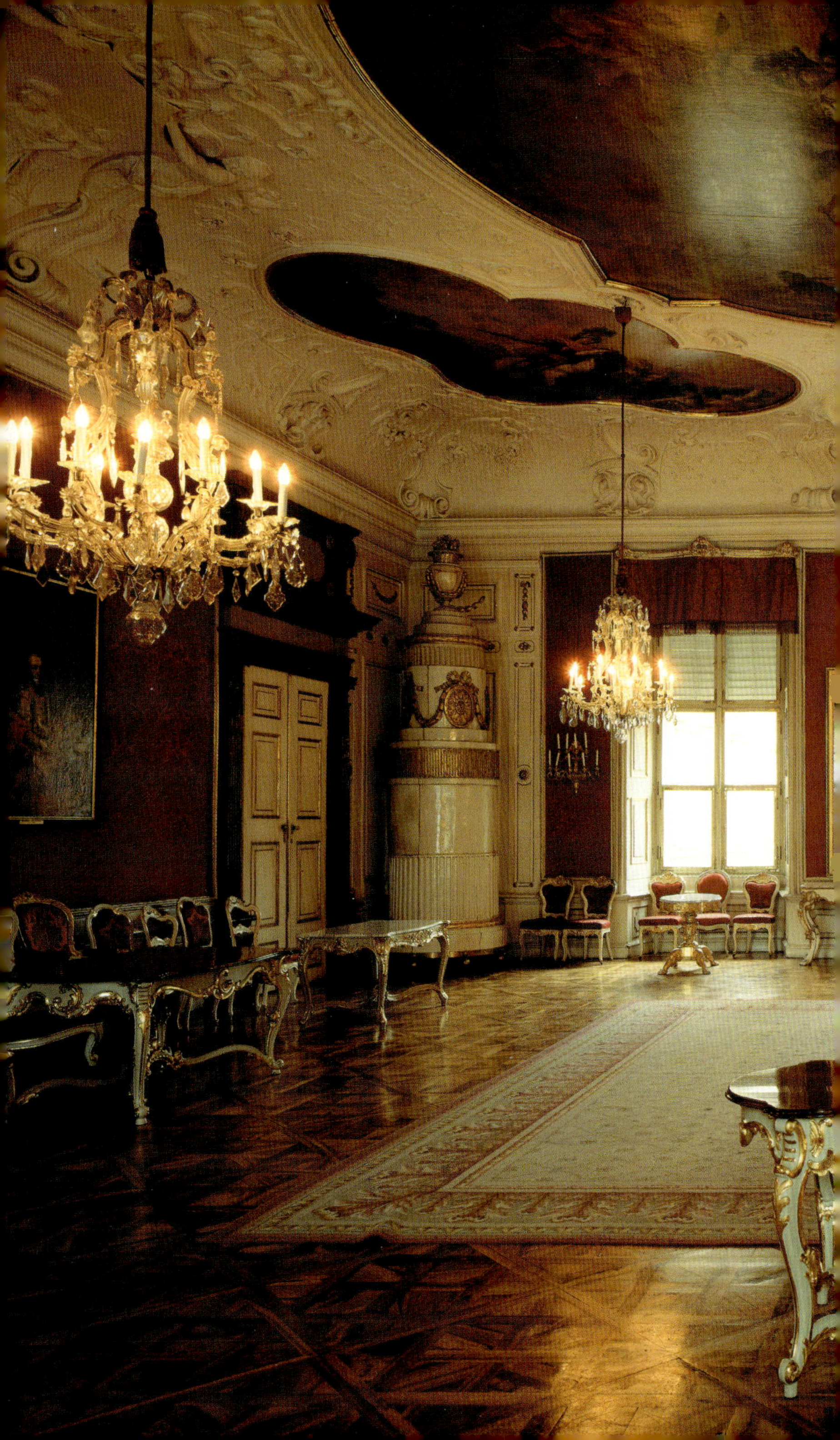

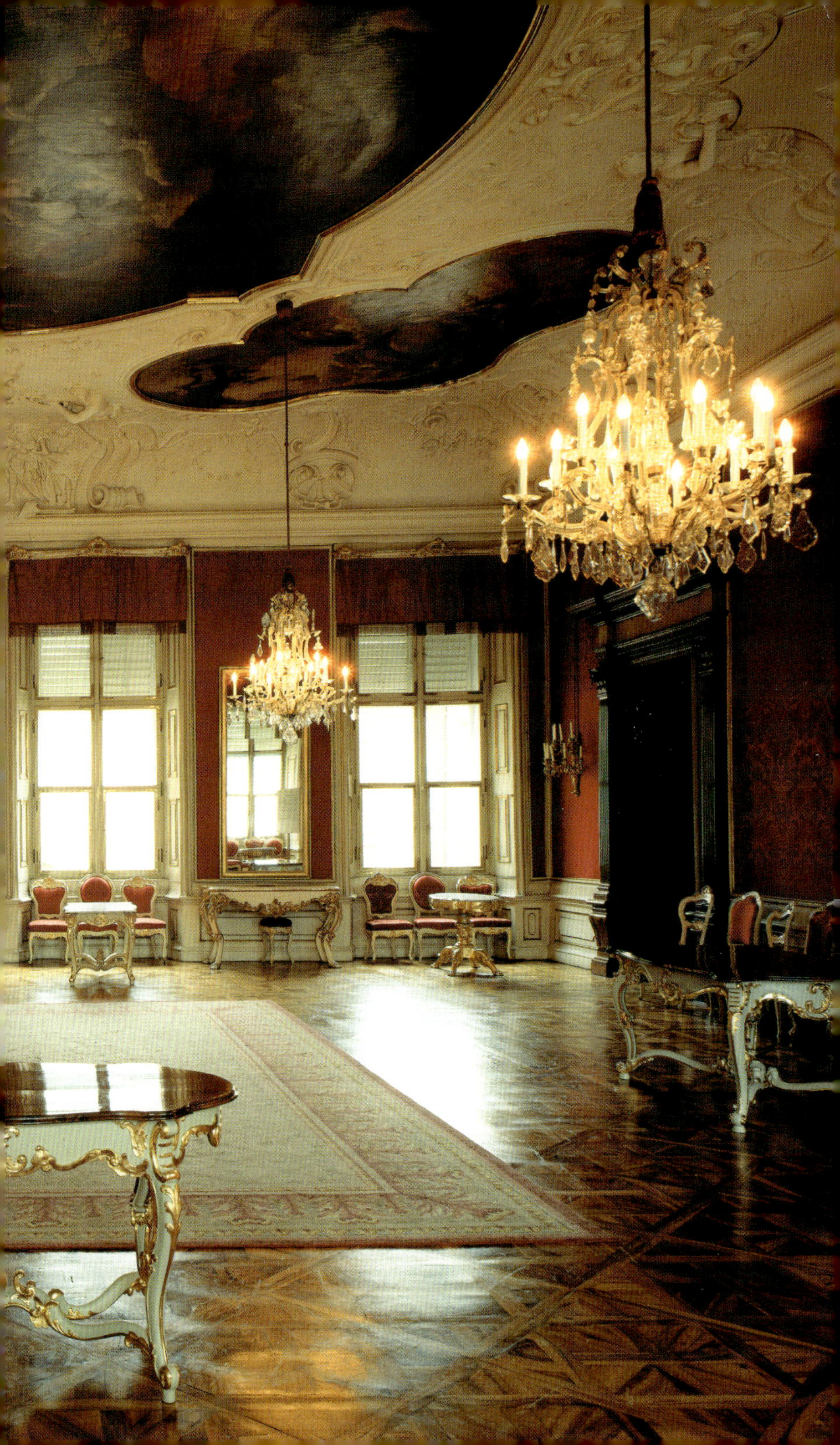

Und jetzt! Schlösser und Kirchen verwöhnt brausen wir vorbei, weil wir ahnen, dass ohnehin noch Tolleres auf uns wartet!

HELLBRUNN zum Beispiel. Die Sommerresidenz von Erzbischof Markus Sittikus. Aber – wie soll ich das sagen – nach all diesen Paukenschlägen der Architektur habe ich das dringende Gefühl, dass wir uns Hellbrunn für etwas später aufheben sollten. So wie die sehr gute Flasche Rotwein, von der man meint, dass sie seit dem Jahr 1987 darauf wartet, geöffnet zu werden. Rasen wir auch mit derselben Einstellung an Leopoldskron vorbei (ich möchte ja auch für später noch ein paar Knaller haben, um Sie zu amüsieren) und verweilen wir – von mir aus – kurz in Kleßheim.

Das ist so ein wirklich schönes, prestigeträchtiges Objekt unserer Anteilnahme. Natürlich von einem Erzbischof in Auftrag gegeben, von Johann Ernst Graf von Thun, und zwar 1700-1709, und natürlich von keinem Geringeren erbaut als von Johann Bernhard Fischer von Erlach!

Was für zwei Namen! Schon gut – hier eine kleine Station gemacht zu haben – nicht? Außerdem können Sie hier jede Menge Kohle verjubeln – wenn ich mich so ungeniert ausdrücken darf – weil hier nämlich das Casino untergebracht ist. Falls Sie zu viel verspielt haben sollten, wird Sie ein Blick nach oben trösten. Nein, ich meine nicht den Blick im Freien, in die Sterne ihres Schicksals – ich meine den Blick nach oben ins Vestibül ... dort gibt es nämlich so hinreißende Stukkaturen von Paolo d'Allio und Diego Francesco Carlone, dass Sie Ihre alsbald eintretende Nackenstarre vergessen können!

Nun aber wagen wir den Schritt hinein, in das Zentrum. In die Stadt! In das Florenz des Nordens, dessen Ausläufer uns in seinem Umfeld immer und immer wieder auf diese Besonderheit von Salzburg eingestimmt haben. Diese Besonderheit ist und bleibt – das Italienische.

Das Italienische wird uns nicht mehr loslassen. Ist es der Sonnenschein, der Nachgeschmack der Krokantbröselchen im Zaunerstollen? – Rätsel über Rätsel.

Ich verrate es Ihnen. Es waren die Erzbischöfe! Genauer gesagt, einer von Ihnen ganz besonders, nämlich Erzbischof Wolf Dietrich von Raitenau. Der hat in der Zeit zwischen 1500 und 1600 genug gehabt von dem ewigen, verwinkelten, nordischen, erfrorenen Städtchen Salzburg und hat ordentlich aufgeräumt. Hat ganze Stadtviertel, trotz der Proteste der Stadtbildbewahrer, niederreißen lassen. Dann dachte er an das Flanieren auf den Piazze in Florenz oder Rom, wo die hübschen Mädchen, mit allerlei Tand geschmückt, lustwandelten und schelmische Blicke warfen – und hat richtige, weite Plätze anlegen lassen. Dann hat er sich darauf besonnen, dass er doch eigentlich ein Kirchenmann ist, und hat den heutigen barocken Dom hingewuchtet – zu Gottes höherer Ehre – und für sich selbst als Amtsträger die imposante Residenz gleich daneben.

Und nur so, weil ihm die Entwürfe seiner Architekten so gut gefallen haben, das Schloss Mirabell.

Ein zweiter Blick ins Historische – das sehr frühe Historische

Halt! ... Ein dringendes und deutliches „Halt!" muss an dieser Stelle formuliert werden. Es kann sein, dass wir für einige, an der historischen Linie Interessierte, zu schnell zu Herrn Erzbischof Wolf Dietrich vorgeprescht sind! Er wird einerseits geschmeichelt sein, dass wir seinen Stellenwert so dringend hervorheben wollen – aber er muss auch seinen Vorgängern die Chance der Würdigung einräumen. Also ... widmen wir uns den Vorgängern! Jenen Gestalten in der grauen Frühgeschichte der Stadt, die für die Sozialisation Salzburgs Ähnliches geleistet haben wie der graue „Mönch von Salzburg", von dem wir ja schon gelernt haben, dass er gerne nachts allein und einsam bei Kerzenlicht an seinen Werken spann. Offenbar muss es für alle großen historischen Bewegungen unseres Daseins eine Speerspitze geben, in der Gestalt eines einzelnen, unerschrockenen Kämpfers, der sich dabei meistens nicht einmal

Das Brunnenhaus im Kreuzgang der Abtei St. Peter.

bewusst ist, dass er eine Speerspitze darstellt. Er ist es einfach. Und er tut, was er tun muss. Manchmal flicht ihm die Nachwelt dafür Kränze.

So zum Beispiel dem Bischof Rupert! Gleich über Wolf Dietrich und seine Schlösser paraphrasieren. Dabei hätte es das alles ohne Rupert nie gegeben – und das kam so:

Die Abtei St. Peter. Gouache, vermutlich von Franz Xaver König, 1767

Die Kelten! (Gut, davon haben wir schon gehört – aber es kann nie genug darauf verwiesen werden). Die Kelten haben also den Römern 15 v. Chr. in der Stadt, die heute Salzburg heißt, das Feld geräumt. Das ging recht gut – so gut sogar, dass Kaiser Claudius im Jahr 45 n. Chr. IUVAVUM das Stadtrecht erteilt hat. Eine Ordensverleihung gewissermaßen – für ordentliches Betragen bei Handel und Wandel. Daraufhin hat das Verwaltungsgebiet des römischen Städtchens angefangen, sich auszudehnen – bis zum Pongau/Pinzgau und bis zum Innviertel!

Und warum konnte das nicht ungestört so weitergehen? Fragt man sich und könnte darüber verwundert sein, dass nicht bis heute, in ungebrochener Linie, römische Legionäre auf den Kreuzungen den Verkehr regeln.

Weil den Markomannen, den Quaden und den Alemannen dieser Pax Romana ein Dorn im Auge war! Weil sie bei ihren Völkerwanderungen und Kriegszügen einfach mal kurz das Umfeld von IUVAVUM in Schutt und Asche legen mussten und daraufhin, im 4. Jahrhundert, der Spaß zu Ende war. IUVAVUM war halb verlassen und verfallen – vor allem das linke Salzachufer – dort, wo damals, wie heute, das Herz der Stadt schlug und schlägt. Die wenigen tausend

Restbewohner hatten sich auf den Nonnberg am rechten Ufer zurückgezogen und warteten und warteten und warteten ...

Dann kam Rupert, im Jahr 695!

Bischof Rupert war Bischof von Worms und auf einer Missionarsreise nach Osten und zog an diesem erbärmlichen Häufchen vorbei, das einmal eine Weltmetropole der Lebensart werden sollte. Damit das aber auch Wirklichkeit werden konnte, ging Rupert zum bayerischen Herzog Theodo und schlug ihm vor, er möge ihm doch dieses Ruinennest einfach schenken.

Rupert scheint die alten Akten gut studiert zu haben – denn das Kirchenrecht schrieb vor, dass eine Stadt nur dann Bischofsstadt werden konnte, wenn sie bereits das römische Stadtrecht erhalten hatte. Und das war ja so gewesen, schon 45 n. Chr.!

Rupert gründete gleich noch zur Sicherheit St. Peter, das daraufhin das älteste Kloster Österreichs wurde, weil vorher – ob man's glaubt oder nicht – keiner in diesem Land ein Kloster gegründet hatte. Und er war auch Mitbegründer des Stifts Nonnberg, des ersten Frauenklosters nördlich der Alpen!

Offenbar war die Atmosphäre in Salzburg schon damals so anheimelnd, dass sich Rupert selten im Osten blicken ließ (sein ursprünglicher Plan), und stattdessen seine ganze Kraft und Intelligenz dem Aufstieg Salzburgs zur Wirtschaftsmacht widmete. Dies begann er insofern sehr klug, als er zunächst einmal die Christianisierung des Salzburger Umlandes einleitete. Das machte damals einen guten Eindruck, bei den politisch Mächtigen, und in der Folge schenkte Theodo dem Bischof Rupert nicht nur riesige Ländereien, sondern noch etwas ganz Entscheidendes: das Recht zur Salzgewinnung! Das war das goldene Ticket und Salzburg konnte daraufhin zu blühen beginnen! Und vor allem: Der kirchliche Herrschaftsanspruch in Salzburg war für mehr als 1000 Jahre zementiert!

So geht Weltgeschichte! Und weil das natürlich eine Ehrung verdient, brachte Bischof Virgil – der Nachfolger Ruperts – Ruperts Leichnam nach Salzburg zurück. (Rupert war nämlich irrtümlicherweise in Worms verstorben.) 744 ließ Virgil Rupert im Dom zu Salzburg beisetzen und zog mit dieser noblen Geste natürlich einiges von der Aura Ruperts auf sich. So geht Weltgeschichte!

Ein liebenswertes Detail am Rande: Am Sarg Ruperts in St. Peter brannte lange Zeit ihm zu Ehren ein ewiges Licht. Die Sage erzählt, dass Salzburg untergehen würde, wenn es jemals erlischt. In der Zeit der Aufklärung wollten einige unsinnliche Rationalisten mit diesem Aberglauben aufräumen und verboten das Licht. Wissen Sie, warum Salzburg nicht untergegangen ist? Weil die Salzburger das Licht gerettet und es in der abseits gelegenen Chorkapelle gehütet haben – bis heute! Allein dieser Akt sagt mehr über den Salzburger Menschen als alles andere!

Virgil – der kluge Rupertbegraber – wollte, dass alle auch wirklich begreifen und schon von weitem sehen, was in Salzburg los ist und wer das Sagen hat, und ließ den ersten Dom bauen!

Dann, in der Zeit von Bischof Arno (798 – 821), wurde Salzburg, auf Befehl von Papst Leo III., Erzbistum und Metropole der Kirchenprovinz Bayern. Das klingt so locker – war aber damals eine unglaublich weitreichende Verlagerung in der Machtbalance. Denn daraufhin wurden die Diözesen Regensburg, Freising und Passau – also bayerisches Urgestein – unter die politische Führung Salzburgs gestellt! Und das den Bayern ... wie auch immer – sie haben es überlebt.

So um 1060 herum kam es zum Investiturstreit. Kurz gesagt wurde die Frage gestellt: „Wer hat das Sagen?!" Kaiser oder Papst?! Die Salzburger waren logischerweise auf der Seite des Papstes, was zum Baubeginn der Burg Hohensalzburg führte ... Aber – Krieg ist Krieg – und im Jahr 1167 hatte Kaiser Friedrich Barbarossa die Nase voll und verhängte die Reichsacht über Salzburg. Und um nur ja keinen Zweifel aufkommen zu lassen, brannte er den Dom und zur Sicherheit die ganze Stadt nieder!

Zehn Jahre wurde geschmollt, dann versöhnten sich der Kaiser und der Papst in Venedig! Na endlich – dachten alle Beteiligten –, vor allem die abgebrannten Salzburger, und legten los. 1181 stand der neue Dom und Kupfer-, Gold-, Eisen- und Silberbergbau ließen den Reichtum der Stadt in ungeahnte Höhen schnellen. Die Pfeile der Kursgewinne zeigten senkrecht nach oben. Denn wo Geld – da Kunst. Die berühmte Salzburger Schreibschule wurde etabliert und die Intelligenz strömte in die liebenswert gewordene Stadt.

Lob wem Lob gebührt – und das drückte sich darin aus, dass Salzburg 1249 das Stadtsiegel erhielt. Dann waren nur mehr weitere 100 Jahre nötig, um zum Fürstentum zu werden – zum autonomen und geistigen, versteht sich – weil: Kirche bleibt Kirche.

Der prächtige Residenzbrunnen gilt als der größte Barockbrunnen nördlich der Alpen.

Man könnte jetzt meinen, dass das mit dem kometenhaften Aufstieg der Stadt völlig ungebrochen so weiter ging, bis heute. Leider nicht ganz. Da der Herrgott ja in jedes Lachen eine Träne mischen muss, schickte er – um 1350 – kurz die Pest in die Stadt – zur Abwechslung. Ein Drittel aller Bürger starb innerhalb eines Jahres! Aber den echten Salzburger konnte damals so etwas nicht erschüttern – die Familien waren kinderreich und nach weiteren 100 Jahren war die Wohnungsnot schon wieder auf dem alten Stand.

Kurz vor dem 15. Jahrhundert – als Erzbischof Pilgrim II. von Puchheim sich seiner Privilegien erfreute – war Salzburg flächenmäßig so groß wie nie zuvor. Größte Teile von Tirol, Bayern und Kärnten gehörten damals zu Salzburg! Langsam beginnen Sie zu erkennen, dass Sie der Geschichte eines Stars unter den europäischen Städten beiwohnen. Und wie in der Geschichte eines jeden großen Stars, gab es auch hier fast katastrophale Zäsuren. Zum Beispiel in der Zeit, in der Salzburg – Kirche hin, Kirche her – doch

ÆTAT·SVÆ·XXX·

Wolf Dietrich von Raitenau (1559–1617), bereits mit 28 Jahren Erzbischof, legte mit großzügigen Bauten den Grundstein für das barocke Salzburg. Gemälde um 1590

plötzlich wieder unter kaiserliche Hegemonie rutschte. Damit war ein Funke gezündet, der sehr nahe neben dem Pulverfass glühte.

Im Jahr 1481 nämlich hatten die Bürger in ihren Rechten, gegenüber den Rechten der Geistlichkeit, erstmals eine Autonomie erhalten und was das bedeutet, ist wohl jedem klar – die alte Frage stand im Raum: „Wer hat das Sagen?" Um vom internen Streit der Salzburger Bevölkerung abzulenken, betrat der Erzbischof Leonhard recht unchristliche Wege. Er riss die Macht an sich, vertrieb die jüdische Bevölkerung, stärkte die Festung über der Stadt und sperrte die Ratsversammlung und den Bürgermeister hinter Gitter.
Tolle Lösung, nicht wahr? – Entspricht voll den Lehren Christi! Aber: andere Zeiten – andere Sitten. Die Bürger setzten alles auf eine Karte – verbündeten sich mit den Bayern und belagerten, im Jahr 1526, den Erzbischof auf der Burg. Der aber hatte die Burg uneinnehmbar ausbauen lassen und daran scheiterte die Bürger- und Bauernbewegung. Nicht nur daran – im selben Zeitraum wurde die Reformation von der katholischen Kirche in dieser Gegend nahezu zerschlagen! Im selben Atemzug wurde daraufhin gerichtet, was der Galgen tragen konnte, und die restlichen Protestanten wurden ausgewiesen. Salzburg und seine geistlichen Führer schufen das, was man von da an, das „deutsche Rom" nannte!

Und das ist das Stichwort: „Die Architekten". Es ging ihm ähnlich wie Prinz Charles! Wolf Dietrich von Raitenau konnte diese elenden, austauschbaren, kalten, funktionalen „nordischen" Bauten, mit ihren unpersönlichen Fensterfronten und ihren abweisenden Fassaden, einfach nicht mehr länger sehen! Verständlich! Aber was für ein weitsichtiger Mut muss diesen Mann bewegt haben, als er auf den Tisch geschlagen hat und italienische Architekten über die Alpen bringen ließ. Denen hat er dann die kurze Formel aufgetragen: „Schafft mir ein Florenz des Nordens!" So in etwa wird er sich geäußert haben. Natürlich gab es Protestnoten der innovativen Architekten aus nordischen Gefilden, die von Zuckerbäckerstil, Einfallslosigkeit und „Abkupfern einer veralteten Epoche" salbaderten. Gott sei Dank war der Erzbischof immun gegen derlei zeitgeistiges Geschwätz und so konnten die Italiener nach Herzenslust ihre

Heimat nachbauen. Wir Heutigen danken dem Gottesmann und seinem autoritären Herrschaftsstil in jeder Minute, die wir in seinem „Italy-Land" aus dem Rennaissance-Barock-Zeitenübergang verbringen dürfen.

Zur Draufgabe hat er dann auch noch den riesigen Marstall und das Müllner- und das Kapuzinerkloster auf den Kapuzinerberg bauen lassen. Später hat er dummerweise mit Bayern gestritten und wurde bis an sein Lebensende gefangen gehalten. Es gibt Stimmen, die nicht verstummen wollen und raunen, dies sei einer Intrige der nordischen Architekteninnung zuzuschreiben gewesen. Genaueres liegt im Dunkel der Geschichte.

Aber ... allein der Residenzbrunnen von Tommaso di Garona war's wert, dass sich endlich einmal einer gegen die Kleingeister durchgesetzt hat. Bravo Wolf Dietrich! Immerhin ist das der schönste und größte italienische Barockbrunnen nördlich der römischen Piazza Navona geworden! Und das will was heißen!

Vier Pferde – Seepferde selbstverständlich – umrahmen drei Giganten, die – mühsam aber doch – eine riesige Steinschale auf den Schultern balancieren, in der riesige Steinfische mit ihren riesigen Schwanzflossen ein riesiges Becken hochhalten, welches wiederum dem Meereskönig Triton als Sitzgelegenheit dient und ihm ermöglicht, aus seinem Muschelhorn einen Wasserstrahl in die Luft zu pusten!

Bevor wir fortsetzen, sollten wir uns einmal fragen, woher die Burschen damals die Kraft gewonnen haben, all diese geschichtlichen Ereignisse in Gang zu setzen?

„Essen und Trinken hält Leib und Seele zusammen!" Ein kluger Spruch – nur galt er zur damaligen Zeit nicht für alle Stände im selben Maß (zumindest was die Zusammensetzung der Speisen betraf). Die Erzbischöfe haben es natürlich so richtig krachen lassen – der Ausdruck scheint mir der einzig erlaubte zu sein, wenn man in einem erzbischöflichen Kochbuch der damaligen Zeit zum Beispiel ein Rezept für „Steinadler in Ribiselsauce" findet! Kein Scherz –

Steinadler! Na gut – darum gibt es auch jetzt nur mehr so wenige davon. Außerdem war nur dem Hofe die Jagd auf Wild und Fisch erlaubt. Der normale Mann auf der Straße musste daher so viel „Einbrenn-Suppen", „Kas-Suppen" und „Schmalz-Suppen" wie möglich essen, um mithalten zu können – energiemäßig versteht sich –, immerhin zeugte der Herr Erzbischof fünfzehn Kinder! So ein Steinadler scheint es in sich gehabt zu haben!

Ein Erlass des Erzbischofs schrieb vor, dass so fett gekocht werden musste, dass das Fett beim Essen in „den Ärmel tropfe". Die Wohnungen waren noch nicht zentralbeheizt und die Leute mussten Wärme erzeugen, aber gleich … „bis es in den Ärmel tropfe …"? Wenden wir uns erstaunt der Nachfolge von Wolf Dietrich zu und lassen uns sein Schicksal eine Warnung sein!

Sein Neffe Markus Sittikus von Hohenems hatte es ziemlich schwer. Der 30-jährige Krieg stand vor der Türe – und dabei wusste damals noch keiner, dass der wirklich so lange dauern würde – und ganz Salzburg war voll mit halbfertigen Bauten seines zeugungsfreudigen Onkels – es musste also etwas geschehen!
Santino Solari (wir kennen diesen Namen!) wurde Hofarchitekt und baute kurz entschlossen alles fertig, damit man die Feste endlich im Trockenen fortführen konnte. Und dann ging's los! Auf der so genannten Beletage der Geschichte! Erzbischof Paris Graf Lodron betrat die Szene!

„Die Schule der erzbischöflichen Diplomatie"

Dieser kluge Mann hatte eine ungefähre Vorstellung davon, was der Krieg, der rundherum tobte, anrichten konnte. Angeblich hatte er einmal davon geträumt, dass er „um die 30 Jahr" dauern werde. So viel und so langes Unbill war dem guten Paris eindeutig zu viel – also beschloss er, sich herauszuhalten! Leicht gesagt – schwer getan. Auf irgendeine Seite musste man sich ja stellen, damals.

Das Kapuzinerkloster verdankt seine Gründung Fürsterzbischof Wolfgang Theodorich von Raitenau.

Aber – was war es, das ihm dabei helfen konnte? Gott? Alle Heiligen? Nein, das liebe Geld war es!
Es gab da nämlich die „katholische Liga" unter der Führung des erbarmungslosen Bayernherzogs Maximilian (einer seiner Kettenhunde – Graf Herberstorff – machte sich einen Namen als Schlächter, als er den Bauernaufstand der Oberösterreicher auf das brutalste niederschlagen ließ.) Diesem Bayern bezahlte Paris sehr viel Geld, um nicht offiziell zu seiner Truppe dazu gehören zu müssen. Kluge Idee, wie sich sehr bald herausstellen sollte. Die Schweden rasten nämlich unter ihrem König Gustav Adolf heran und besetzten im Jahre 1632 Nürnberg und Augsburg. Der Hut begann zu brennen – wie man in Salzburg sagen würde – und für den Bayern wurde die Luft dünn. Also ließ er alle seine Gold-, Silber- und vor allem Kunstschätze verschnüren und eilte in den Schutz des „neutralen", zahlungskräftigen Paris Lodron nach Salzburg. Daraufhin war Maximilian Paris natürlich „auf ewig verbunden" – wie man so schön sagt.

Alles geht vorbei – so auch diese widrigen Zeiten – und nach und nach hatte der Geist wieder eine Chance, sein Haupt zu erheben. 1628 wurde der neue – endlich fertig gestellte – Dom geweiht. Acht Tage lang wurde gefeiert bis „das Fett in den Ärmel tropfte", dann war Salzburg Mitglied im Club.

Die Stadt war nämlich seit 1622 Universitätsstadt und lag nun rechtlich auf einer Ebene mit Wien, Paris, Freiburg und Köln. Endlich!

Dann wurde eine Zeit lang so vor sich hin gelebt und studiert und geforscht, ohne großes Aufsehen, unter zwei netten, aber nicht sehr bedeutenden Erzbischöfen, die gewissermaßen die Historie Atem holen ließen, für den nächsten Superstar unter ihnen.

Johann Ernst Graf von Thun, „Der Stifter", betrat die Bühne. Und wie es alle wirklich Großen der Geschichte auszeichnet, auch andere Große wirken zu lassen, holte Johann Ernst den Johann Bernhard Fischer von Erlach nach Salzburg! Ein Name wie Donnerhall! Zwanzig Jahre lang regierte der Erzbischof und er scheint eine

geheime Liste geführt zu haben, was er in seiner Regentschaft alles
– an Bedeutendem, versteht sich – gebaut haben wollte.

Gehen wir die Liste einmal durch: die Dreifaltigkeitskirche, das
Ursulinenkloster, die Ursulinenkirche, die Kollegienkirche, den
Pinzgauer Dom, das Glockenspiel der Residenz … Dann war er
erschöpft, von so viel delegiertem Schöpfertum, und erblindete.
Furchtbar – nicht? –, aber zumindest einmal im Leben hat er sehen
können, was er uns Heutigen hinterlassen hat: Salzburg als durch-
komponierte Barockstadt – wer kann schon von sich behaupten,
Derartiges hinterlassen zu haben?

Und weil Fischer von Erlach und Kollege Johann Lukas von
Hildebrandt ähnliche großkalibrige Geister waren wie ihr Mentor,
riefen auch sie weitere Größen ins Land: den Maler Johann Michael
Rottmayr, den Bildhauer Johann Meinrad Guggenbichler und den
„Kremser Schmidt".

Aber kaum hat der Geist der Poesie und der Kreativität Gelegenheit gehabt zu wehen, muss natürlich sofort wieder einer auftreten,
der uns dahingehend belehrt, dass Geschichte eine Geschichte von
Grausamkeiten sein kann – zumindest immer wieder.

Erzbischof Leopold Anton Freiherr von Firmian (welch rigoroser
Klang schon im Namen – finden Sie nicht?) ließ zwar die Sümpfe
rund um die Stadt trocken legen, aber er scheint Menschen mit
Moskitos verwechselt zu haben. Anders ist es nicht zu erklären, dass
er im selben Atemzug 20.000 Lutheraner aus dem Pongau und
Pinzgau vertreiben ließ. Leider bleibt mehr in Erinnerung, dass er
Leopoldskron erbauen ließ – und damit hat sich's!

Zwischen 1736 und 1740 wurde Schloss Leopoldskron erbaut.
Berühmtester Besitzer: Theatermagier Max Reinhardt.

Fast ein Finale …

Nun – da wir uns in der Hochblüte der damaligen Entwicklungen eingefunden haben, ist es an der Zeit, über eine merkwürdige Häufung von Schicksalsschlägen, die diese Stadt erlebt hat, zu berichten. Während der Regierungszeit von Sigismund III. Graf Schrattenbach wurde dem Leopold und der Anna-Maria Mozart ein Sohn geboren!

Welch Donnerschlag – das war noch kein Schicksalsschlag für Salzburg, aber dafür umso mehr die schwere Fehleinschätzung von Schrattenbachs Nachfolger Hieronymus Graf Colloredo. Der dachte, er hätte es mit einem Lakaien zu tun, und „trat" Mozart aus seinen Diensten! Napoleon's Truppen stürmten wenig später heran und 1800 musste Colloredo fliehen. Wer möchte, könnte behaupten, Colloredo musste erfahren, dass so eine Stellung keine Altersposition ist, wenn man allzu viele Fehler macht. Es wäre interessant, sein Horoskop einmal daraufhin zu untersuchen. Ich tippe auf Pluto- und Uranusaspekte, welche auch das Gesamtschicksal Salzburgs streifen. Eine Zeit lang zankten sich Bayern und Österreich um das Juwel im Herzen Europas – unter unseren zwei roten Fäden –, dann – im Jahre 1816 – wurde es endgültig österreichisch.

Kann man das glauben? So lange musste es dauern, bis etwas wahr wurde, von dem alle doch immer dachten, dass es schon längst wahr sei. Es ist aber so: Erst seit relativ kurzer Zeit kann der Salzburger (wenn man ihn denn, mitten auf der Getreidegasse, anhält und fragt, wer er sei) antworten: „Ich bin ein in Salzburg lebender Österreicher!"

Die so genannte Neuzeit …

Plötzlich sind wir im 20. Jahrhundert … einfach so … Schritt für Schritt. Dom für Dom. Ereignis für Ereignis. Und auch in diesem (dem 20. Jahrhundert) bleibt Salzburg, was es schon immer war: ein Magnet für außergewöhnliche Geister. Max Reinhardt befand, dass der Domplatz nach einem „Event" schrie und installierte den „Jedermann". Nebenbei gründete er mit Hugo von Hofmannsthal und Richard Strauss die Salzburger Festspiele! Stefan Zweig empfand die Notwendigkeit, 1919 nach Salzburg zu eilen, und zog wie der Rattenfänger von Hameln James Joyce, Arthur Schnitzler, Thomas Mann und H.G. Wells hinterher. Sie haben es alle erahnt ... gespürt ... gefühlt ... mitgeteilt bekommen, auf den offensichtlichsten und auf den geheimnisvollsten Wegen, das Mysterium dieser Stadt! Sie ließen sich verzaubern und kamen, um zu schaffen.

Salzburg wäre nicht Salzburg und sein Karma nicht erfüllt, wenn das Unheil nicht noch einmal mit seiner dürren, braunen Hand nach den Schönheiten dieser Stadt gegriffen hätte.

Im Jahr 1938, am 12. März, marschierten die deutschen Truppen ein und alles Helle und Poetische musste flüchten! Wie schon so oft. Der Nationalsozialismus wurde besiegt und nach dem Krieg war Salzburg das Hauptquartier der amerikanischen Streitkräfte. Noch lange Jahre danach konnte man die Grenze, die quer durch Österreich gezogen worden war, atmosphärisch spüren. Salzburg hatte das Glück, zehn Jahre früher als der Rest Österreichs unzensiert dem Einfluss der freien, demokratischen Welt offen zu stehen. Dieses Echo pflanzte sich fort, bis im Jahr 1950 die Salzburger Festspiele wieder eröffnet werden konnten. 1960 wurde auch die Universität wieder aufgesperrt und ab diesem Zeitpunkt schickte sich die Stadt zum wiederholten Male an, in die Elite der freien Welt aufzusteigen. Was die Unesco 1996 mit der Zuerkennung des Weltkulturerbe-Stempels belohnte.

Aber halt! Ein kleiner Umweg: Eigentlich sind wir ja noch gar nicht in der Stadtmitte, sondern rollen langsam auf den Parkplatz neben dem Schloss Hellbrunn.

Was glauben Sie, wer die Pläne für dieses Barockschloss entworfen hat? Santino Solari – ein Italiener! Jetzt haben Sie den Dreh raus, stimmt's? Wenn Sie hier in der Stadt oder in ihrer Umgebung etwas ausnehmend Schönes in der Landschaft herumstehen sehen, können Sie mit der lässigen Eleganz des Wissenden hindeuten und wie nebenbei murmeln: „Barock ... italienisch ...!" und weiterschlendern.

Was für ein herrlicher Park! Großzügig angelegte Rasenflächen und Hecken, verträumte Wege, barocke Steinstatuen, wie absichtslos unter einen Jahrmillionen alten Baum hingeworfen. Da drüben ist das „Steintheater" – natürlich die älteste Naturbühne im deutschen Raum – und hier wurden im Jahr 1617 die ersten Opern nördlich der Alpen aufgeführt, italienische Opern natürlich!

Gehen wir ins Wasser? Mitsamt unseren Kleidern? Wie das gehen soll? Wir machen eine Tour durch die weltberühmten Hellbrunner Wasserspiele. Man geht unter einem Hirschgeweih aus Bronze durch und wird plötzlich aus seinen zwölf Enden mit Wasser befeuchtet. Oder man setzt sich an eine lange Steintafel im Garten, auf steinerne Stühle, und schon schießt aus der Sitzfläche ein Wasserstrahl. Sehr lustig! Die haben's krachen lassen, die alten Erzbischöfe, was?!

Vor allem Markus Sittikus, der Hellbrunn in Auftrag gegeben hat, war ein wilder Bursche und raffiniert obendrein. Denn sein Steinstühlchen, auf dem er den Vorsitz gehalten hat, war als einziges von der Wasserberieselung ausgespart.

Aber wenn Sie mit Kindern unterwegs sind, lehnen Sie sich zurück und entspannen sich. Kaufen Sie den Kids einen 10er-Block und dösen endlich mal ein bisschen im Schatten. Die Bambini lieben die Wasserspiele und könnten auch zwölf Mal dieselbe Tour machen. Wenn sie dann doch plötzlich vor Ihnen stehen und atemlos fragen, was jetzt dran sei, verzagen Sie nicht. Stehen Sie auf und gehen Sie mit ihnen in den angrenzenden Freilaufgehege-Zoo. Dort drücken Sie den Ragazzi ein Eis in die Hand, setzen sich wieder in den Schatten und dösen eine Stunde lang weiter. Der Zoo ist wirklich wunderschön. An einen Berghang gebaut. Wie gesagt: Freilaufgehege! Tiger, Leoparden, Adler (!) – alles da! Im Anschluss daran erheben Sie sich und gondeln auf dem Teich langsam an Schloss Leopoldskron (Rokoko) vorbei.

Man begreift, warum Max Reinhardt, der Begründer der Salzburger Festspiele, ausgerechnet hier residiert und seine

BILD NÄCHSTE SEITE **Der Park von Hellbrunn**

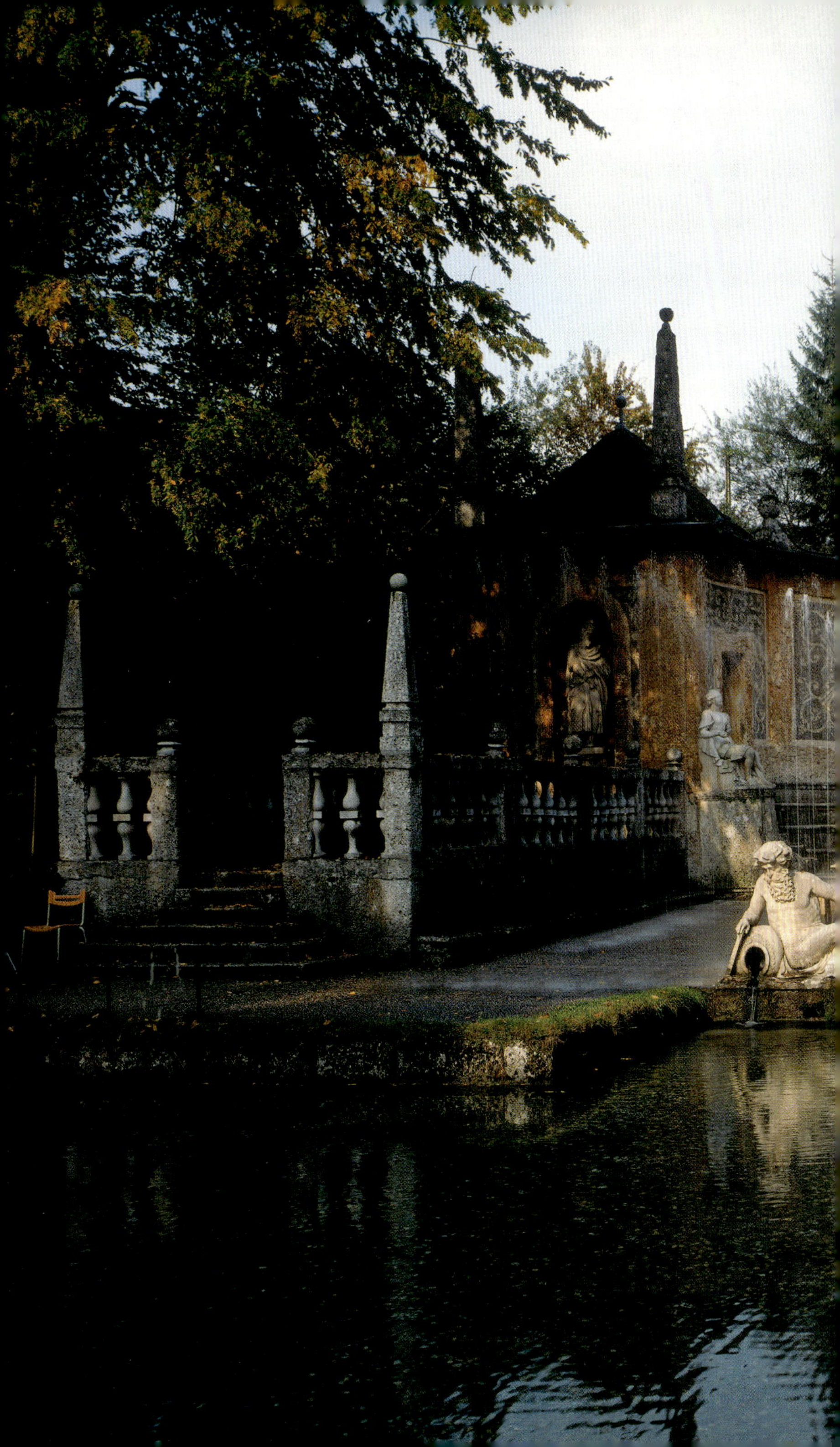

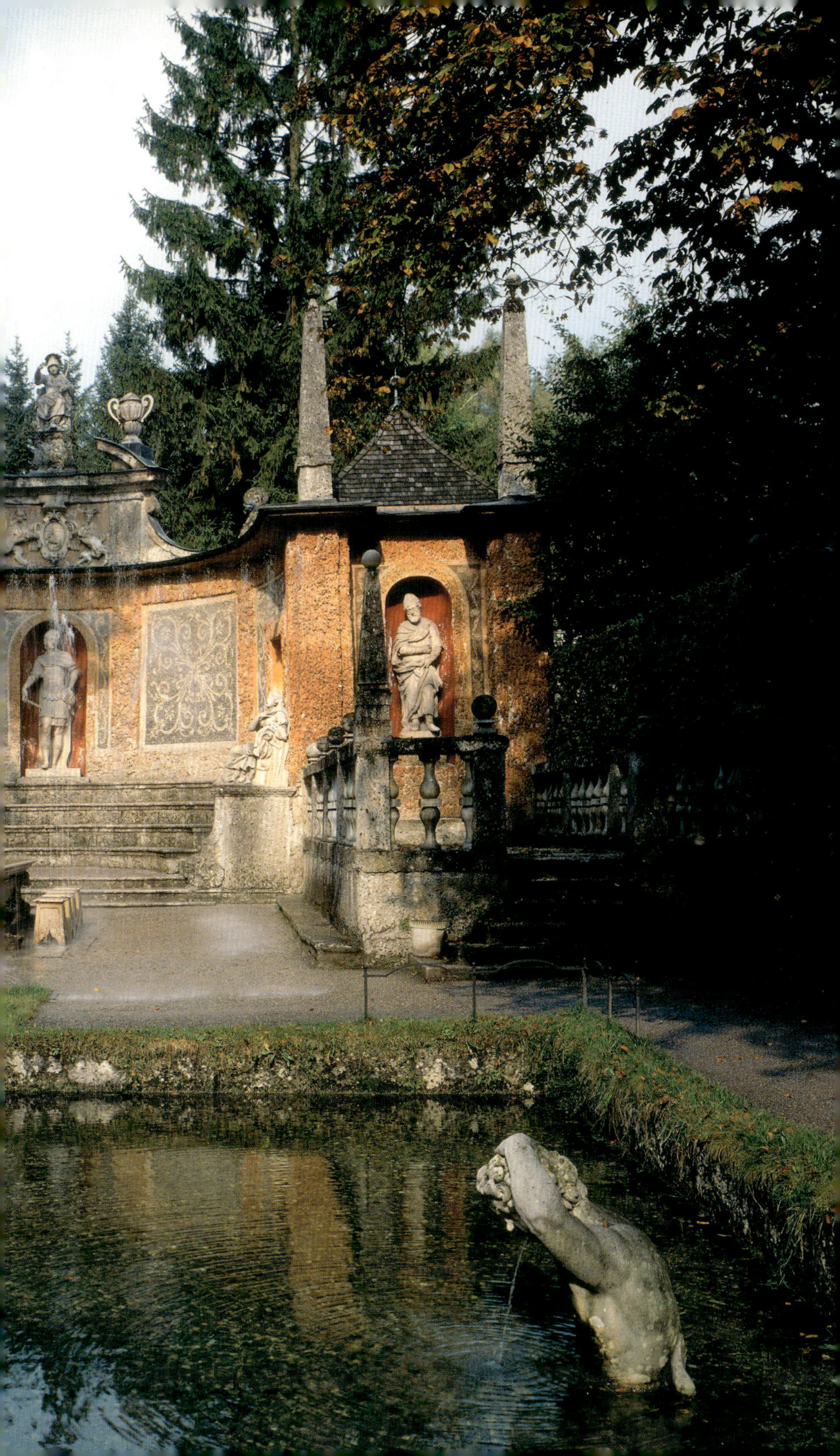

geheimnisumwitterten Nachtparties gefeiert hat. Mit Fackellicht. Und Candle-Light-Dinner. Der Genießer. Die Kulisse ist wirklich imperial! Römisch!!

Schämen Sie sich übrigens nicht, wenn Sie langsam das Gefühl haben, als Statist zu wirken. Das ist ein ganz selbstverständliches Gefühl, das sich einstellen kann, wenn man zum ersten Mal im Leben mit geballter Wucht mit der Salzburger Schönheit konfrontiert wird. Sie dürfen nicht vergessen, dass die Herren damals ja nicht nur aus Jux und Tollerei so hübsch gebaut haben, sondern um ihre Macht zu demonstrieren. Ihre geballte Macht. Und natürlich überträgt sich ihr Klotzen und nicht ihr Kleckern irgendwann einmal auf die Psyche des Touristen.

Man nennt es das „Florenz-Syndrom". Nie gehört?! Gibt es! Ein Begriff aus der Psychologie (Wissenschaft!). Man hat festgestellt, dass in Florenz eine beträchtliche Anzahl von Besuchern nach einigen Tagen von schweren depressiven Schüben heimgesucht worden sind. Sie haben die für sie ungewohnte Masse an schönen und schönsten Eindrücken nicht mehr verarbeiten können: ihre Festplatte war überladen. Die Aufnahmekapazität erschöpft. Unglaublich, aber wahr! Sollte man nicht eher das Gegenteil vermuten? Da kommt jemand aus dem grauen Einerlei einer Industriestadt und darf ungestört durch die Uffizien schlendern und bricht ausgerechnet dort vor einem Canaletto mit Herzrhythmusstörungen zusammen!

Sofort eilen kundige Museumswärter in dunkelblauen Uniformen heran und verabreichen Herztropfen. Was für eine Szene! Umstehende hören entsetzt, wie der oder die Zusammengebrochene eins ums andere Mal flüstert: „... zu schön ... zu schön ... das ist alles viel zu schön ..."

Die Psychologen erklären dieses Drama so: Vor dem Hintergrund künstlerischer Perfektion konturiert sich die eigene, nicht so perfekte Lebensdramatik in kulminierender Weise. Interessant – nicht wahr? Man sollte das Gegenteil vermuten.

Aber ein Bild aus der Sportwelt könnte als Erklärungshilfe dienen: Man weiß ja, dass Laufen gesund ist. Wenn jetzt einer, der immer nur mit Erdnussflips vor dem Fernseher hockt, plötzlich beim New-York-Marathon mitmacht, wird er vermutlich bei Kilometer 3,8 kollabieren. Traurig, aber wahr.

Dies also könnte Ihnen in Salzburg eventuell auch widerfahren. „Könnte", sage ich, und „eventuell". Warum es nicht so häufig auftritt wie in Florenz? Vielleicht liegt es an den Tiefgaragen, die mitten im Zentrum in den Mönchsberg hineingesprengt worden sind. Man rollt von der Neutorseite in den Berg und hat das Gefühl, sich im Matrix-Film Nr. 5 zu befinden. Grüne, dicke, schwere Panzertüren können innerhalb von Sekunden vor sämtliche Zufahrten gerollt werden. Niedrige Betondecken ziehen sich hunderte Meter dahin, um hunderten von Kraftfahrzeugen Unterschlupf zu gewähren. Neonröhren erhellen die „Day-after"-Szenerie und die Lifttüren sind in irritierenden Signalfarben gehalten. Das alles kommt uns bekannt vor. Das ist sozusagen eine Schleuse, eine Dekontaminationskammer unserer gewohnten Ästhetik. Aus Essen oder den Vororten von Paris. Man nimmt noch einen letzten Blick der vertrauten Perspektive mit, bevor man nach 23 m auf der Innenseite des Neutors, neben der barocken Pferdeschwemme steht. Im Stadtzentrum. Das geht wie das Umblättern einer Buchseite. Eben noch neonfarben und orange – und schon barocker Marmor.

Das Neutor ist eine tolle Sache. Der Mönchsberg, der die Stadt Salzburg von der Landseite her umschließt, hat Jahrtausende lang wie ein natürliches Bollwerk funktioniert. Wie eine gottgewollte Burg. Uneinnehmbar. Die Römer sind damals von der Salzachseite her in die Keltensiedlung eingedrungen. Aber solche Marginalien interessieren Militärs nicht. Ist ja auch schon so lange her! Und die Kelten waren undiszipliniert und kannten keine Schildkrötenformation! Weil der Mönchsberg so uneinnehmbar erschienen ist, haben die Militärs auch sofort zu protestieren begonnen. Damals. So um 1860 ungefähr wurden die überflüssigen Stadtmauern abgerissen und die Stadt „gelüftet". Und entschlossene Architekten (Italiener) wollten durch den Mönchsberg eine schöne, breite, weite, hohe Bresche schlagen, um eine Zufahrtsstraße in die Stadt zu

Der Salzburger Dom ist die älteste Bischofskirche Österreichs.

schaffen. „Kommt ja überhaupt nicht in Frage!", haben die Militärs gerufen. „Den Mönchsberg durchbrechen! Das macht uns ja total schutzlos!"

Also wurden die Arbeiten, die schon recht weit fortgeschritten waren, gestoppt, neu geplant und schlussendlich wurde lediglich ein Tunnel durch den Mönchsberg geschlagen. Ein leicht zu verteidigender! Von der Altstadtseite aus sieht man heute noch sehr schön, wie der Berg in großen Schnitten zerlegt werden sollte. Wie ein Riesengeburtstagskuchen, bei dem schon Randstücke herausgeschnitten sind, liegt eine Seite da und – hups! – plötzlich ist alles anders: Ein sehr schönes steinernes Portal ist übrig geblieben. Am Tunnelausgangsbereich. So sind sie, die Militärs.

Der Mönchsbergaufzug führt zu einem der schönsten Aussichtspunkte über die Stadt.

Haben Sie Lust, sich der Stadt auf meine ganz private Weise zu nähern? Anders, als in den Fremdenführern, die Sie gleich in die Kollegienkirche treiben wollen? Langsamer? Dann kommen Sie mit.

Wir gehen durch das Neutor, biegen nach links ab, gehen an der barocken Pferdeschwemme vorbei, in der früher die erzbischöflichen Pferdchen gebadet haben, lassen das Spielzeugmuseum links liegen – altes Spielzeug haben wir ohnehin selbst genug im Keller – und kommen nach ein paar dutzend Metern bei einem Tor an, das in den Mönchsberg führt.

Rauf auf den Berg!

Ein Tor in den Berg? Wir gehen weiter und lesen: „Mönchsbergaufzug". Dann stehen wir vor vier Lifttüren und können es kaum glauben, dass wir jetzt in einen Lift steigen. Wie in einem Hochhaus. Zwei Minuten später sind wir durch den ganzen Berg nach oben „geliftet" worden, treten aus der Kabine und an eine Brüstung, die verhindert, dass wir gleich wieder abstürzen – und sind begeistert!

Warum wir begeistert sind? Weil die ganze Stadt vor unseren Füßen liegt wie Legoland. Alle Kirchen, alle Plätze, alle Brunnen, alle Tore, alle Kaffeehäuser! Die Salzach, die Brücken, die Fußgängersteige, sogar die Wallfahrtskirche von Maria Plain ist von hier aus zu sehen! Also mit einem Wort: Alles!

Schauen Sie einmal steil nach unten. Sehen Sie die zwei Männer, die da angeseilt an der Bergwand hängen, direkt über den Straßen, und mit Hämmern auf den Berg einklopfen? Sie fragen sich sicher, ob das ein alter Volksbrauch ist – so könnte man es nennen, so humorig formuliert, wenn der Hintergrund nicht so ernst wäre. An dieser Stelle gab es nämlich im Jahr 1669 einen Felssturz, der eine ganze Straße unter sich begraben und über 200 Menschenleben gefordert hat.

Seit damals ist es „Brauch", einer solchen Katastrophe vorzubeugen, und die Salzburger haben den Beruf des „Bergputzers" erfunden. Seit über 300 Jahren kommen hier regelmäßig Männer vorbei, die eine Vorsorgeuntersuchung machen und loses Gestein abtragen, bevor es abstürzen kann.

Lehnen Sie sich gemütlich an die Absperrung und folgen Sie mit Ihrem Blick und Ihren Gedanken.

Da, ganz gerade aus, dort wo der große Brunnen steht, der mit den Seepferdchen, das ist der Residenzplatz. Nehmen wir ihn doch als Ausgangspunkt für unseren „virtuellen" Spaziergang. Vincenzo Scamozzi hat den Platz für Wolf Dietrich (15 Kinder!) geplant – als Herzstück der sichtbaren Machtzentrale sozusagen. Dieser Herr Scamozzi hat zur Sicherheit auch noch den Dom, den Mozartplatz, den Kapitelplatz und den Alten Markt konzipiert – eine einheitliche

Handschrift nennt man so etwas. Und schauen Sie mal – wirkt dieser Platz nicht wie ein riesiges Zimmer? Das kommt von den Proportionen der Gebäude, die mit Länge, Höhe und gegenseitigem Abstand so berechnet sind, dass man die Größe der Bauten und des Platzes nicht als inhuman empfindet.

Im Süden des Platzes liegt der Dom und im Norden begrenzt die Michaelerkirche den sandigen Platz – ein Detail, das noch mehr Natürlichkeit empfinden lässt. Im Osten steht das Residenz-Neugebäude und im Westen prunkt das Hauptwerk dieses Platzes – die Residenz. Und schauen Sie, von hier oben sieht man es am besten – die Residenz selbst ist so gebaut, dass die einzelnen Gebäudeabschnitte wiederum derart gestaltet sind, dass sich im Inneren mehrere Höfe ergeben. Das lässt lichtdurchflutete Gänge und Zimmer entstehen, 180 übrigens, 180 Zimmer hat dieser Palast. Und, wie es kluge Bauherren schon immer gemacht haben, hat man beim Bau der Residenz einfach auf Grundmauern aufgebaut, die noch von einem Bischofshof aus dem Jahr 1120 stammten. „Einmal solide – immer solide!", dachte sich Herr Scamozzi.

Gehen wir doch rein, in die Residenz. Gleich nach dem Haupteingang öffnet sich ein Empfangsplatz – sehr geeignet zum Aussteigen aus Kutschen bei Regen. Dann gehen wir links hinauf, über eine Prunktreppe, in den Carabinierisaal. „Carabinieri", das war die Schutztruppe des Herrn Erzbischof – die seine fünfzehn Kinder überwachte! Apropos „gehen". Sie werden bemerkt haben, dass wir über diese Prunktreppe nicht „gegangen", sondern „geschwebt" sind. Das kommt von den unüblich flachen und tiefen Stufen, damit man mit langen Bischofsgewändern nicht stolperte. Kluges Detail – nicht wahr?

Schlendern wir durch die Zentrale ehemaliger Macht: Der Rittersaal, dessen Deckenbilder von Johann Michael Rottmayr Alexander den Großen zeigen. (Man sieht, woher der Wind der Machtdemonstration wehte.) Dann kommt der Audienzsaal, das Arbeitszimmer, das Schlafzimmer, der Thronsaal ... und schließlich wurde auch der Herr Erzbischof privat – auf all den offiziellen Prunk folgt nämlich ein Gebäudeteil (von dem aus man die Franziskanerkirche sehen kann), in dem seine Geliebte und Mutter seiner (15!) Kinder wohnte (15!!). Frau Salome Alt.

Wer sich an Weltmalerei erbauen möchte, eilt in die Residenzgalerie und staunt vor Rubens, Rembrandt, Tiepolo und anderen talentierten Farbenmischern.

Das Deckenfresko im Rittersaal der Residenz stammt von Johann Martin Rottmayr.

Man sieht, es kann sich lohnen, Erzbischof zu sein. Vor allem, wenn man aus dem Fenster blickt: da wird man staunend erkennen, dass man einen ungehinderten Blick auf die gegenüberliegende Salzachseite und den Nonnberg hat. Der Herr Erzbischof hat per Federstrich verfügt, dass kein umliegendes Gebäude höher sein darf als das seine. Klare Aussage, klarer Ausblick, weitsichtig gedacht – sozusagen.

Schreiten wir die Treppe wieder hinunter und hinaus, gehen wir nach links, am Alten Markt vorbei (wo sich das Café Tomaselli befindet, dem wir uns noch persönlicher und intensiver widmen werden) und weiter bis zur Sigmund-Haffner-Gasse, in der wir die Franziskanerkirche finden.

Auch sie werden wir noch an anderer Stelle spiritueller zu erfassen versuchen. Jetzt, bei diesem Anlauf, hören Sie einige wissenschaftliche Details. Im Jahr 1167 hat sie der Herr Barbarossa ziemlich zerstört. Erst im 15. Jahrhundert wurde sie dann neu gebaut, so wie sie heute da steht. Ein Juwel der Spätgotik, „verziert" durch den barocken Hochaltar von Fischer von Erlach und eine Madonna von Michael Pacher. Später mehr zum Wesen der Stimmung, die man in dieser Kirche erleben kann.

An der Stelle, wo heute der Salzburger Dom steht,
wurde bereits im 8. Jhdt. unter Bischof Virgil eine Basilika geweiht.

Wir gehen durch das Portal an der Längsseite der Kirche hinaus, Richtung Domplatz, dem „Jedermannplatz", und erfreuen uns an der wirklich wunderschönen Mariensäule von Johann Baptist und Wolfgang Hagenauer.

Jetzt also der Dom. Wie wollen wir uns ihm nähern? Fangen wir doch unüblich an und gehen in den Untergrund, gleich neben dem Eingang, in das Grabungsmuseum. Hier kann man nun wirklich einen Zollstock durch die Geschichte dieser Stadt stoßen. Alles ist da auf wenigen Quadratmetern vereint. Römische Grundmauern aus IUVAVUMS Zeiten, die Reste der Basilika von Bischof Virgil aus dem 8. Jahrhundert und Kirchenmauerreste aus dem Jahr 1599! Ein Ziegel der Geschichte auf dem anderen. Einen besseren Ort für meditative Einkehr und Reflexion über die Vergänglichkeit werden Sie in ganz Salzburg kaum finden.

Hinauf in den Dom. Auch hier findet sich ein Kunstgriff der italienischen Erbauer, der Ihnen vielleicht auch schon bei den Bürgerhäusern aufgefallen ist, am Alten Markt, zum Beispiel. Haben Sie bemerkt, dass die Bauten allesamt auf eine schwer zu erklärende Weise „leicht" wirken? Ich zeige Ihnen warum. Schauen Sie einmal in die Domkuppel hinauf, wo jedes höhere Stockwerk etwas niedriger gebaut ist als dasjenige, auf dem es aufliegt. Das verschafft die Illusion des Noch-mehr-nach-oben-Strebens. Man nennt das perspektivisches Bauen. Auch bei den normalen Bürgerhäusern ist das – wie gesagt – zu erkennen. Je höher oben, umso kleiner und luftiger werden die Fensterreihen. In den kleinsten Zimmern – unterm Dach – hat darum früher auch das Personal leben müssen. Man bedenke: Es gab keinen Lift!

Wir wandern – im Geiste – aus dem Dom heraus und nähern uns unserem derzeitigen realen Standort – dem Mönchsberg. Am Fuße des Berges finden wir den Nukleus – das Zentrum der Macht, ihren Ursamen, sozusagen – das älteste Marienkloster Österreichs – St. Peter! Gegründet von Rupert um 700 n.Chr. Hier in St. Peter gibt es übrigens ein „Fort Knox" der Geisteswissenschaften: Im

„Skriptorium" werden Schriften aufbewahrt, die bis in das Jahr 722 zurückreichen. Man spürt es regelrecht – wenn man daran vorbeigeht – wie viel Geisteskraft dort ruht ... und von dort ausgestrahlt wird. Apropos „Ausstrahlung", wenn wir schon dort unten sind – im Geiste – lassen Sie uns doch über den weltberühmten Friedhof von St. Peter gehen. Einen schöneren Ort der Ruhe und Kontemplation – und das mitten in der Stadt! – werden Sie nirgendwo finden!

Nun wieder die Lebendigkeit der Straßen. Wege, die uns zur Universitätskirche führen. Ich sage nur: Fischer von Erlach! Mehr kann und will ich an dieser Stelle nicht sagen. Die Kirche wird noch andernorts in unserem Buch erwähnt. Sie werden es finden.

Jetzt werde ich Sie aber noch mal überwältigen. Wir betreten, nach kurzem Fußmarsch durch den Universitätsgarten, die zum Theatersaal umgebaute Felsenreitschule. Im Jahr 1693 hat man beschlossen, dreistöckige Arkaden in den Berg zu hauen, mit Bögen und Säulen und Gängen, mitten in die Felswand, um den Pferdchen von dort aus beim Reiten zusehen zu können. Gleich daneben schließen das kleine und das große Festspielhaus an. Clemens Holzmeister hat all das festspieltüchtig erbaut. Von Hrdlicka, Kokoschka und Kolig stammt die Ausstattung. Ein Tempel des neuzeitlichen Kunstvollzuges.

    Eine ähnliche architektonische Struktur finden Sie – wenn wir die Festspielhäuser, an der Pferdeschwemme vorbei, hinter uns gelassen haben – im Arkadenhof des Bürgerspitals. Dreistöckige Arkaden aus der Renaissance – diesmal an den Berg gebaut.

Von dort sind es nur mehr wenige Meter zum Museum Carolino Augusteum. Wenn Sie ein Museumsfreund sind – rein mit Ihnen. Alles, was ich Ihnen über Salzburg noch nicht erzählt habe – Sie finden es dort drinnen – von den Kelten bis Karajan!

Viel lieber möchte ich Ihnen allerdings das Ursulinenkloster am Ursulinenplatz zeigen. Da gibt es nämlich „alles" im Haus der Natur: Reptilien, Aquarien, Dioramen und eine Weltraumhalle, in

Die „Goldene Stube" auf der Festung Hohensalzburg,
mit reichen Schnitzereien und vergoldetem Zierrat aus der Spätgotik.

der unser Bewusstsein darauf eingestimmt wird, uns lediglich als Teil eines unendlich großen Schöpfungsgedanken zu begreifen. Lassen Sie das ruhig einmal wirken. Salzburg bietet sich dafür an, wie kaum ein anderer Platz.

Lassen wir unseren beobachtenden Geist wieder durch die Straßen streifen und gehen über den Bürgerspitalplatz in die Getreidegasse. Da steht auch SEIN Geburtshaus ... in Gelb! Das Ehepaar Mozart

Die gotische Krypta des Benediktinerinnenklosters Stift Nonnberg.

hatte übrigens nicht nur einen Sohn, sondern noch weitere sechs Kinder. Aber zwei nur haben überlebt – Wolfgang und seine Schwester Maria Anna.

Wenn wir die Getreidegasse weitergehen, bis zum Mozartdenkmal von Ludwig Schwanthaler, müssen wir nur nach rechts abbiegen und sind wieder auf dem Residenzplatz!

Jetzt könnten wir natürlich eben mal schnell auf den Nonnberg sausen. Von uns aus, hier auf dem Mönchsberg, in einer Sekunde erledigt ... Und schon sind wir im Stift Nonnberg (700 n.Chr., Hl. Rupert). Dort müssen Sie sich unbedingt die gotische Krypta anschauen. Allein der schwebende Steinbaldachin ist es wert, dorthin zu pilgern.

Apropos „pilgern", erklimmen wir noch die Festung? Die größte intakte und niemals eingenommene Burg Europas! Abgesehen davon, dass man erst unlängst am höchsten Punkt des Festungsberges ein römisches Kastell gefunden hat, empfehle ich Ihnen, die

„Goldene Stube" zu besuchen. Ein romantischeres mittelalterliches Zimmer werden Sie nirgendwo sonst bestaunen können!

Wenn Sie verliebt sein sollten, fahren Sie im Sommer kurz vor zwanzig Uhr mit der Bahn auf die Burg, gehen über den Vorplatz bei der Burgmauer (stadtseitig), die Steinstufen zum Eingangstor hinauf (es gibt nur einen Weg – nicht zu verfehlen ...) und richten Sie sich dort ein, wie in einem Schwalbennest. An die Burgmauer gelehnt, liegt das ganze Salzburgische zu Ihren Füßen und weit am Horizont versinkt die Sonne, glutvoll selbstverständlich – wenn das nicht wirkt, ist Ihnen nicht zu helfen!

Und nun – im Fluge – kurz noch auf die rechte Seite der Salzach, zum Beispiel auf den Makartplatz. Hier stand und steht das Tanzmeisterhaus, wo die Familie Mozart gelebt hat – geboren wurde er „drüben".

Dort hat Wolferl einiges komponiert, Idomeneo zum Beispiel. Das Haus ist heutzutage übrigens „nur" eine absolut detailtreue Rekonstruktion. Es wurde nämlich im 2. Weltkrieg zerbombt. Aber was soll's, der Geist weht, wo er will.

Nun aber – vorbei am Landestheater aus dem Jahr 1892 – in den Mirabellgarten, vor dem Schloss Mirabell. Dorthin hat man aus Wien das Häuschen bringen und auch dort aufbauen lassen, in dem Mozart seine Zauberflöte geschrieben hat. Der Teil des weitläufigen Parks, in dem es nun steht, gehört übrigens zum Mozarteum. Für die großen und kleinen Kinder unter uns: Gehen Sie doch mal in den „Zwerglgarten". Fünfzehn Gnome aus Untersberger Marmor warten dort auf Sie. Es könnte Sie amüsieren.

Was ich Ihnen aber auswegslos ans Herz lege, legen muss, ist nicht nur das Schloss Mirabell, das Wolf Dietrich für seine Geliebte bauen ließ (15 Kinder!), sondern die Orangerie, in der ein ganz besonderes Museum untergebracht ist.

Das „Salzburger Barockmuseum", in dem ausschließlich erste Skizzen ausgestellt sind, quasi die Idee einer Idee. Gehen Sie bitte dorthin und empfinden Sie Ehrfurcht.

Wenn Sie nun noch Lust auf ein Wunder haben, dann folgen Sie mir durch die Paris-Lodron-Straße zur Loretokirche. Sie wurde im 17. Jahrhundert erbaut und beherbergt eine 11 cm große Statue, das „Salzburger Loretokindl", das Wunder wirken soll. Es liegt an Ihnen, es auszuprobieren.

Haben Sie das Wort, mit dem alles begann, noch in Erinnerung? Die ITALIANITÀ. Dann setzen wir dem Ganzen die Krönung auf und besuchen den Sebastiansfriedhof. So und jetzt haben Sie endgültig den Eindruck, irgendwo in Sizilien zu sein. Dieser romantische Friedhof ist im Stil eines „Campo Santo" angelegt. Quadratisch, mit der Gabrielskapelle im Zentrum, umgeben von südländischen Arkaden. Fehlte nur, dass Don Corleone hier begraben liegt. Stattdessen tun dies Leopold und Constanze Mozart und der uns so bekannte Wolf Dietrich von Raitenau – in der Kapelle in der Mitte ... Wo sonst?

Wenn wir noch durch die Linzer Gasse streifen wollen, könnten wir vor dem Haus Nummer 3 kurz aber andächtig an Paracelsus denken – er hat hier gewohnt – und weiter auf den Kapuzinerberg steigen. Hier gibt es Stadtmauerteile aus dem 30-jährigen Krieg und den Blick auf uns selbst, die wir ja physisch immer noch auf dem Mönchsberg stehen. Wollen Sie das Kapuzinerkloster besuchen – das aus dem 16. Jahrhundert?

Gut, aber jetzt ist unser Rundflug zu Ende ... und wir werden unseren Körper dort hinunter begeben, wohin unser geistiges Auge eben noch für uns geflogen ist.

Wir wenden uns nach rechts, gehen in den Wald und wieder bergab. Nach ein paar Schritten auf dem asphaltierten Weg sind wir von dichtem, grünen, rauschenden Wald umgeben. Welche andere Stadt der Welt hat so etwas? Man steht mitten im Verkehrsgewühl, gestresst und verschwitzt, steigt in einen Lift und ist drei Minuten später auf einem Berg, in einem stillen, kühlen Wald!

Wenn Sie ein spielerisches, romantisches Gemüt haben und Ihr inneres Kind noch am Leben ist, werden Sie sich gleich sehr freuen.

Wir gehen ungefähr fünf bis zehn Minuten durch den Wald. Da drüben links! Was ist das? Eine Burgmauer? Ein Wehrturm? Wieso hier? Die Burg ist doch auf einem anderen Berg?

Ja, das sind die vorgeschobenen Festungswerke der Burg Hohensalzburg, die hier im Wald auftauchen. Es sieht aus wie in einem Film über Robin Hood! Plötzlich überdacht ein kleines Steintor unseren Waldweg. Mauern mit hohen Zinnen flankieren unseren Pfad, der sich über den Bergkamm dahin windet. Wir gehen durch

Denkmal für Erzbischof Leonhard von Keutschach (1495–1519) im Burghof der Festung Hohensalzburg.

eine Art Hohlweg. Die Stadt zu unseren Füßen – links. Zwei, drei Biegungen noch, ein wenig abwärts und schon wieder sind wir auf das Tiefste bewegt, von diesem Anblick! Montsalvat, die Gralsburg? Camelot oder Avalon?

Nein – es ist die Burg! Die Festung Hohensalzburg. Mitten im Wald gibt es einen Punkt auf unserem Weg, von dem man die Burg auf ihrem Berg gegenüberliegen sieht. Zwischen dem Grün der Bäume hindurch. Zum Greifen nah. Einsam entrückt. Endlich wieder weiß angemalt, daher märchenhaft schön. Man sollte es nicht glauben – aber dieser romantischste aller Blickwinkel ist in keinem Reiseführer zu finden. Wenigstens Sie kennen ihn jetzt. Sie wollen da rüber? Da rauf? Gemach, gemach. „Wer Eile hat, der mache einen Umweg!"

Erst mal spazieren wir den Weg wieder hinunter in die Stadt. Vorbei an unglaublich schönen, uralten Bauernhäusern, die an dieser Bergseite, über der Stadt, auf schmalen Wiesenstücken kleben.

Die vier Marmorsäulen im „Goldenen Saal" auf der Festung Hohensalzburg.

Dann bewältigen wir eine steinerne Treppe – abwärts – und kommen auf der Rückseite des großen Festspielhauses wieder auf festen Innenstadtboden.

Hat ungefähr eine halbe Stunde gedauert und Ewigkeiten an Schönheit gebracht. Nun gehen wir zielgerichtet nach rechts, zum Zahnradbahnhof, um Ihrem Wunsch nach Burgbesichtigung zu entsprechen. Zur Linken sehen wir eine zweite Pferdeschwemme, solche Anblicke sind wir als „alte Salzburger" aber schon gewöhnt und gehen an der Neptunstatue – der Krönung – gelassen vorbei!

Die Zahnradbahn zieht uns hoch – auf halbem Weg begegnet uns die talwärts fahrende Kabine – und nach sieben Minuten betreten wir den inneren Burghof der Festung Hohensalzburg. Der niemals eingenommenen!

Sie war fast 600 Jahre lang eine ewige Baustelle. Im Jahr 1077 hat Gebhard begonnen. Erzbischof Gebhard. Danach haben sie Jahrhunderte lang weiter gebaut und so um 1600 war sie dann einigermaßen bezugsfertig. Tolle alte Kachelöfen gibt es da zu sehen, tolle alte Holzschnitzdecken, tolle alte Waffen und Rüstungen, tolle alte Kanonen, Folterkammern und Burgkapellen.

Vor allem, wenn Sie Kinder dabei haben. Denen macht es irren Spaß, den Burgbereich nicht mit der Bahn wieder zu verlassen, sondern den Bergweg hinunter zu galoppieren, der irrsinnig steil und durch das eine oder andere Burgtor talwärts führt. Gott sei Dank gibt es am Fuße des Burgberges – kurz bevor man offiziell wieder die Stadt betritt – den Stiegl-Keller.

Welch Labsal! Obwohl – lustig ist es schon, dass das Lokal, bei dem wir gleich ankommen werden, „Stiegl-Keller" heißt und dabei gar nicht im Keller liegt! Sondern zum Teil recht hoch in den Berg hineingeschlagen wurde – und man sogar über 97 Stufen hinauf gehen muss, um in den „Keller" zu gelangen!

Aber, wenn wir diese letzte körperliche Strapaze am heutigen Tage geschafft haben, werden Sie sehr, sehr glücklich sein! Wir gehen also die mehr als 97 Stiegen entspannt plaudernd nach oben und wenden uns nach links.

Eine Erholung!

Eine sehr, sehr lange, breite Terrasse ist da an den Berg und in den Berg gepflanzt worden. Auf der himmeloffenen Seite dieser sehr schönen Terrasse (Kies am Boden!) stehen viele, große, dichte Kastanienbäume. Unter den Kastanienbäumen stehen Holztische mit Holzbänken und ich verstehe Sie sehr gut, wenn Sie sofort mal ein Stiegl-Pils bestellen wollen.

Die Stadt liegt schon wieder einmal zu unseren Füßen – nur näher und dichter, als vom Mönchsberg aus gesehen. Wir sind etwa achtzehn bis zwanzig Meter über dem Nullpunkt der Stadt, haben also direkten Blick in die Fenster der Innenstadthäuser.

Wissen Sie, was ich hier am liebsten konsumiere? – Suppen! Ja, Suppen! Weiß der Henker, warum dieser Platz für mich hauptsächlich ein Suppenplatz ist. „Chacun à son goût", kann ich nur sagen. Natürlich können Sie auch ein umwerfendes ausgelöstes Backhenderl bekommen, mit Reis, oder eine irrsinnig gute Stelze – oder „Schweinshaxe" –, mit Kümmelsaft gemacht, und Semmelknödel dazu, oder Blutwurst (auf inländisch „Blunzn") mit Sauerkraut voller Wacholderbeeren. Oder ein kleines Fiakergulasch mit Kartoffeln und Gurkerln oder Krautsalat. Von der gebackenen Leber gar nicht zu reden, die hauchdünn geschnitten und goldgelb paniert daherkommen wird. Bratwürstel mal zwischendurch – auch dafür eignet sich der Stiegl-Keller! Oder Tafelspitz mit Schnittlauchsauce. Alles vom Feinsten – natürlich – vom Allerfeinsten und wenn Sie keine Zeit haben zum Stiegl-Keller zu laufen, verrät man Ihnen gerne einige Rezepte für den Hausversuch.

Gebratene Schweinsstelze

Salz-Kümmel-Wasser aufkochen, gewaschene Stelze einlegen und ca. 30 Minuten kochen. Stelze aus dem Sud heben. Schwarten quer zur Fleischfaser einschneiden. Pfanne mit Schmalz ausstreichen. Stelze mit Salz, Kümmel und gepresstem Knoblauch kräftig einreiben, in der Pfanne unter wiederholtem Begießen und einmaligem Wenden 2–2½ Stunden bei 220 °C (fallend) braten.

Tafelspitz

200 g Zwiebeln halbieren und anbraten. 300 g Wurzelwerk (Sellerie, gelbe Rüben, Karotten, Petersilwurzel) waschen, schälen.
2½–3 kg Tafelspitz und 1 kg Rindsknochen warm waschen. Wasser zum Kochen bringen, Tafelspitz, Knochen und 15 Pfefferkörner in das Wasser geben, schwach wallend 3–4 Stunden kochen.
1 Stunde vor Garungsende Wurzelwerk, ½ Lauch, etwas Liebstöckel und Zwiebeln beigeben. Schaum ständig abschöpfen. Fertig gegartes Fleisch aus der Suppe heben. Suppe würzen, abseihen. Fleisch in fingerdicke Tranchen schneiden, mit Suppe begießen. Mit Meersalz und 4 EL geschnittenem Schnittlauch bestreuen.

Schnittlauchsauce

100 g entrindetes Weißbrot in 2 dl kalter Milch einweichen und gut ausdrücken. 2 gekochte Eidotter mit dem Weißbrot fein passieren. 2 rohe Dotter, Salz, Essig, weißen Pfeffer, Estragonsenf und 1 Prise Zucker beigeben und mit dem Mixer unter ständiger Beigabe von Pflanzenöl (4 dl) eine sämige Sauce erzeugen. 2 EL fein geschnittenen Schnittlauch erst kurz vor dem Servieren unter die Masse ziehen.

Aber – unter uns gesagt – die Suppen! Zum Beispiel die Leberknödelsuppe. Mit Leberknödeln so groß wie Handgranaten aus dem 30-jährigen Krieg: rund, voll, fest, prall! Mit klein geschnittenem Schnittlauch, der obenauf schwimmt. Oder die Fleischstrudelsuppe.

Die Fleischstrudelsuppe! Mit einem Fleischstrudel als Einlage, dass Sie nie wieder weggehen wollen aus diesem „Keller". Und, last but not least: Frittaten- und Grießnockerlsuppe!!! Bingo! Ich kann es nicht erklären, warum ausgerechnet diese beiden Suppenarten gerade Kindern so viel Spaß machen. Bei den Frittaten ist es vielleicht der Umstand, dass die schmal geschnittenen Palatschinken – oder „Pfannkuchen" – irgendwie an Spaghetti erinnern. Und bei den Grießnockerln …? Man muss nicht für alles eine wissenschaftliche Erklärung haben – nicht wahr?

Leberknödelsuppe

20 g Weißbrot in kaltem Wasser einweichen, ausdrücken. 1 EL fein geschnittene Zwiebeln in heißem Fett rösten, kalt stellen.
100 g Rindsleber, Zwiebeln, 30 g Kalbsnierenfett und Weißbrot fein faschieren. 40 g Semmelbrösel, 1 Ei, Salz, Knoblauch, gehackte Petersilie, Pfeffer und Majoran beigeben und gut vermengen. ½ Stunde kühl rasten lassen. Reichlich Suppe zum Kochen bringen.
Mit Suppenlöffel Knödel formen, in kochende Suppe einlegen und 7 Minuten zart wallend kochen. Weitere 5 Minuten ziehen lassen.

Frittatensuppe

1dl Milch und 2 Eier glatt rühren, 60 g glattes Mehl, 1 KL gehackte Petersilie und Salz darunter ziehen. Fett in passender Pfanne erhitzen, Teig dünn ganzflächig einlaufen lassen und beidseitig goldgelb backen. Erkaltete Palatschinken in dünne Streifen schneiden und erst im letzten Moment der Suppe beigeben.

Grießnockerlsuppe

40 g Butter schaumig rühren, zimmertemperiertes Ei gut verschlagen, langsam in die Butter einrühren. 80 g Grieß, Salz und Muskatnuss untermengen, 15 Minuten rasten lassen.
Mit einem Kaffeelöffel Nockerln formen. In kochende Suppe einlegen, 3 Minuten kochen lassen, zugedeckt 10 Minuten ziehen lassen.

Wie bitte? Sie fragen, wer hier schreit? Wo schreit wer? Ach so! – „Jeeedeeeermaaaaaaaan!" Ja, da schreit jemand „Jedermann", aber das ist schon okay. Das gehört zu Salzburg, zumindest im Sommer. Das wollen Sie sehen?

Schau'n Sie mal: Wir gehen die über 97 Stufen runter und links zum Domplatz. „Größte italienische Barockkirche!" Und jetzt ist davor die Bühne für den „Jedermann" aufgebaut. Und sie proben gerade. Seien Sie froh, dass ich selber einmal mitgespielt habe – in der Kindheit – und die Leute kenne, die die Zugänge bewachen wie Schießhunde. Die lassen uns rein!

Endlich Theater!

Wir sitzen auf leicht schräg ansteigenden Holzbänken, die den halben Platz ausfüllen, und schauen auf den Dom. Auf seine Vorderfront, genau gesagt, und da ringt „Jedermann" gerade mit einem Herzinfarkt. Der Tod steht schaurig-düster hinter ihm und meldet: „Von deines Schöpfers Majestät bin ich nach dir ausgesandt!" Und „Jedermann" – frech und sich des Ernstes der Situation noch keineswegs bewusst – antwortet provokant und selbstüberschätzend: „Wie, ausgesandt nach mir?" – „Ha … ha … hahaaa!" – Batsch! In diesem Moment schlägt ihm der Darsteller des Todes mit großer Geste auf das Herz. Rumms – „Jedermann" fällt vornüber und spielt, dass er kreidebleich wird, angesichts des Infarktes, der die Folge eines zügellosen, gottlosen und lieblosen Lebens ist!

Die Mischung aus offenem Himmel, fliegenden Tauben, Kindertheaterdramaturgie und dem einzigen Lebensthema überhaupt ist jedes Mal wirklich schwer beeindruckend. Schwer – gerade weil es keine so genannten „leisen Töne" und „Psychologismen" auf dem Domplatz geben kann, wirkt das Stück so archaisch. Gott so nahe, zwingt hinzuschauen, in sich selbst – zumindest für zwei Stunden. „Nackt und bloß – so wie du kamst aus deiner Mutter Schoß." So muss „Jedermann" am Ende gehen. Und alles, alles war nur ein kurzzeitiges Aufbäumen gegen diesen letzten Abgang.

Autos, Geld und teure Frauen – was davon können wir mitnehmen, wenn es Abschiednehmen heißt?

Da sitzen wir nun und sind nachdenklich geworden. Kommen Sie – wir gehen lieber unauffällig wieder raus. Die werden die Sterbeszene gleich noch mal proben und das hat etwas Indiskretes, dabei so einfach zuzuschauen. Gehen wir hinten raus – da, wo wir an der gotischen Franziskanerkirche vorbei kommen.

Sie ist meine Lieblingskirche in Salzburg. Ich kann nicht erklären, wieso. Sie ist so ... keusch! Das ist das Wort, das mir einfällt. St. Peter ist barocker, der Dom imposanter, die Kollegienkirche kirchiger – ich finde kein anderes Wort. Aber die Franziskanerkirche ist ... keusch.

Die hohen, schlanken, gotischen Träger sind so schlicht. Und die Maße des Kirchenschiffes so unaufdringlich bescheiden und dadurch voller Größe. Gehen wir doch kurz rein und zünden eine Kerze an. Da oben probt gerade der Organist. Die Kirche atmet die Schwingungen der Akkorde nach und dann ist es wieder still. Das ist ihr Geheimnis: sie ist die stillste Kirche in der Stadt. Hier kann man zur Ruhe kommen. Ausatmen. Kraft schöpfen. Kraft, um weiterzugehen.

In Richtung kleines und großes Festspielhaus. Die haben sich damals gedacht: „Bauen wir die beiden doch einfach nebeneinander und benützen dazu den Berg und beziehen dabei auch noch den Marstall mit ein und die Arkaden, die schon ewig lange in den Berg gehauen waren. Sieht sicher gut aus!" Dachten sich die Bauherrn und hatten Recht. Es sieht verdammt gut aus und klingt auch gut. Die Fenster zu den Garderoben der Sänger sind offen und man hört sie üben, die Stimmbänder anwärmen, bevor sie Weltkunst machen und dann nach Hause gehen.

Vom Stiegl-Keller aus hat man einen herrlichen Blick auf die von Kirchtürmen geprägte Salzburger „Skyline".

SALZBURGER FESTSPIELE

Das Geheimnis ...

Das ist das Geheimnis der Salzburger Festspiele. Alle sind für einen Zeitraum von ein paar Wochen hier zu Hause. Die Künstler, die Zuschauer – man wohnt in denselben Hotels und Landgasthöfen, hat nur ein paar Minuten zur „Arbeit" und sitzt nach einem „Großereignis" vielleicht am Nebentisch von Jessye Norman. Das war so seit Reinhardts Zeiten, der den ersten „Jedermann" 1920 aufgeführt hat. Der wusste damals schon, wie sich das hier in Salzburg entwickeln muss. Muss!! Es geht gar nicht anders. Die Stadt ist ein alchemistischer Tiegel, in dem die „Unio mystica" stattfindet und die „Quinta Essentia" gefunden wird. Hier findet Kunst statt, weil der Ort Kunst ist ... war ... und immer sein wird. Kunst – vor allem mit menschlichem Maß.

Darf ich Ihnen eine kleine Geschichte erzählen? Um zu erklären, was ich damit meine? Ich sage nur: Karajan. Herbert von Karajan! Ich habe ihm noch „live" beim Arbeiten zusehen können. „Live" – vor allem bei seinen Proben. Dieses Lebensgeschenk wurde mir zuteil, weil mein Vater Konzertmeister bei den Wiener Philharmonikern war und meine Mutter im Staatsopernchor gesungen hat. Da hatten sie immer denselben Weg zum Arbeitsplatz. Und im Sommer waren das die Salzburger Festspiele. Nebenbei haben sie in einem Sommer am Wallersee einmal alles riskiert, im ersten Stock, und das Ergebnis ... Sie kennen die Story.

Und weil das alles so war, konnte ich schon als Bub – oder „Junge" – miterleben, wie Kunst entsteht. Z. B. in dieser Stadt – z. B. bei Herbert von Karajan. Er hat einmal mit den Wiener Philharmonikern Wagner geprobt – und mit Jessye Norman. Die umwerfende, gigantische, sternengleiche Sängerin war für den Gesangspart vorgesehen.

    Zuerst haben die tapferen Männer ganz alleine geprobt, um vorbereitet zu sein, wenn die Diva erscheinen würde. Und sie erschien. Nach zwei oder drei Probentagen für das Orchester war ihr erstes Erscheinen auf der Probe angesagt. Sie kommt also in das

Festspielhaus und ist – bereit. Sie konzentriert sich und betritt das Podium, auf dem die Musiker auf sie warten. Auch Karajan.

Norman ist in größter Bereitschaft, die ersten Noten zum Klingen zu bringen – da nimmt sie Karajan an der Hand und bittet sie freundlich lächelnd, sich hinzusetzen und zuzuhören! Nur zuzuhören – sonst nichts! Und er hebt den Taktstock und die Philharmoniker beginnen zu spielen – nur für sich und Jessye Norman. Sie sitzt da und hört zu – sonst nichts.

Sie hört – und erlebt, was Karajan erzählen will mit der Interpretation dieses Werkes ... diesmal. Sie hat diese Rolle sicher schon 73 Mal gesungen und weiß, „wie es geht". Und jetzt sitzt sie nur da und darf zuhören, loslassen, wird von Karajan davon erlöst, „produzieren" zu müssen, gleich am ersten Tag zu „arbeiten", „abzuliefern", dem Ruf, ein Weltstar zu sein, gerecht zu werden.

Sie wird in ihrem befreiten Zuhören zu einem kleinen Mädchen, das Musik entdeckt, und das so gerne mitsingen möchte, so wie zum ersten Mal. Sie lächelt – als Frau, als Mensch, als Künstlerin. Die Philharmoniker kommen zum Ende – Karajan dreht sich zu ihr um und lächelt sie an. Sie geht nach Hause, hat verstanden, ist bereit für den nächsten Tag, an dem sie wiederkommen wird, um zu singen wie noch nie!

So etwas kann geschehen, so etwas ist geschehen. In Salzburg – hier ist es möglich, hier geht es noch, das Spielerische, das Ermöglichen von Zauber in dem Bereich, den man „Kunst" nennt.

Natürlich werden hunderte Menschen anreisen, tausende, aus nah und fern, werden Smoking tragen und Chiffon und einen Haufen Kohle da lassen für die Tickets in den Festspielhäusern. Und sie werden – als potente Spitzen der Gesellschaft – Spitzenleistungen erwarten. Und sie werden sie auch zu sehen und zu hören bekommen, hier in Salzburg. Ob sie es immer verstehen werden, wieso das möglich ist, sei dahingestellt. Aber in einigen wenigen magischen Momenten werden sie es erahnen, werden sie Teil des Gesamtkunstwerkes sein. Ob sie es wollen oder nicht.

Ja: „Weil Liebe!" Weil Liebe! Das ist die Erklärung für das, was in dieser Stadt entstehen kann ...

Weihnachtliches Krippenspiel im großen Festspielhaus.

Noch eine kleine Bemerkung zu Karajan ... und Liebe ... Die endlose Zahl von nicht begreifenden Idioten, die endlos zu erläutern wussten, wie „autoritär" der „Maestro" war und dass er gerne rote Sportwagen fuhr und „rücksichtslos" gewesen sein soll, haben erstens (!) überhaupt nie etwas begriffen, in ihrem eigenen Leben – und überhaupt! –, und zweitens (!) haben sie folgende Szene nicht miterlebt: Karajan probt also am nächsten Tag mit den Philharmonikern und MIT Jessye Norman. Der Raum beginnt zu schweben, zu leuchten,

Das große Festspielhaus wurde zwischen 1956 und 1960 von C. Holzmeister erbaut.

löst sich auf, die letzten Töne verklingen. Karajan senkt den Taktstock und blickt die Beteiligten an – alle. Jedem in die Augen, hebt seine rechte Hand, küsst sie und bläst den Kuss zu ihnen – so zart, wie ein Löwenzahnsamen durch die sommerliche Abendluft schwebt – als „Danke" ... danke ... danke ... Leise und zärtlich klopfen die Musiker mit ihren Bögen auf die Notenpulte. Der traditionelle Applaus eines Orchesters, wenn Großes stattgefunden hat. Wer das gesehen hat, dieses Vertrauen, dieses „Sich-Öffnen", diese Mitwisserschaft, der könnte zu verstehen beginnen.

Oder wenn man erlebt hat, was durch Karajan für belebende Energiewellen geflossen sind, wenn seine Frau Eliette den Probenraum betrat, um zuzuhören, dabei zu sein, ihrem Mann den Rücken zu stärken. Er hat sich zu ihr umgedreht und sie mit der Hingabe eines Liebenden begrüßt. Jedes Mal. Niemals „nebenbei" – immer „ganz". Nun gut – er war Salzburger! Worüber reden wir eigentlich, „Bravo Maestro – per l'eternità!"

Hinaus in die Stadt ...

Hinaus aus dem Tempel der Musen! Hinaus – quer durch den gleich gegenüberliegenden Universitätspark, durch die Säulengänge der Wissensburg, auf den Marktplatz vor der Kollegienkirche (sehr „kirchig" – Sie erinnern sich?).
Oh, wie schön! Oh, wie wunderbar! Oh, wie bunt, lebendig und beeindruckend! Tausende von Farben, Düften und Sensationen. Offene Verkaufsstände – zeigen ihre frische Ware und bieten sie zum Verkauf an: Obst, Gemüse, Blumen, Spezereien – alles da. Und vor allem: der beste Würstelstand der Welt!

Karajanesk sozusagen! Wer's erklären kann, soll's versuchen – ich kann es nicht. Es ist nur einfach so, dass diese Würstel hier auf dem Markt, direkt aus dem Heißwasserbottich, mit Senf und Kren und einer krachenden Semmel, so gut schmecken, wie nirgendwo sonst auf der Welt!

Jetzt führe ich Sie durch einen Torbogen über die Sigmund-Haffner-Gasse, zum Alten Markt (es sind nur 37 m) und stehe mit Ihnen vor dem weltberühmten (!) Café Tomaselli!

Italienischer Name. Sind wir in Italien? Ein versprengter Architekt, der sich und seiner Familie auf ewig den Anblick der Häuser ermöglichen wollte, die er ins Zentrum gebaut hatte?! Egal! Die Familie Tomaselli ist Salzburger Urgestein und ihr Café eine Kathedrale der Sinneslust – vereinfacht gesagt!

Eine kleine Andacht ...

Im Erdgeschoss wartet eine holzgetäfelte „Kleinhalle" auf den Gast. Nischen, auf drei Seiten des Raumes – mit Fenstertischen – laden zum Rückzug und Ausblick auf das Leben in der Straße ein. In der Mitte eine Hand voll Tische für die verwegen nach allen Seiten kommunizierenden Gäste. Marmortischplatten, selbstverständlich aus pastellfarbenem Marmor.

Vor der Eingangstüre am Alten Markt, an die Hausfront geschmiegt, der im Sommer betriebene Freiluftbereich des Tomaselli. Überdacht und auf einer Seite windet sich eine Wendeltreppe hinauf in den ersten Stock, in den Terrassenbereich, der auch im Sommer betrieben wird.
Und oben auf der Terrasse führt eine Tür in den Innenraum des Tomaselli, der für den Winterbetrieb gedacht ist. Hier findet sich wieder eine Treppe, die hinunter führt, in die holzgetäfelte „Kleinhalle". Man könnte einen ganzen Tag damit verbringen, im Tomaselli nur treppauf treppab zu laufen! Das würde aber auf die anderen Gäste befremdlich wirken!

Daher: setzen wir uns doch in den ersten Stock und bestellen. Darf ich das für Sie übernehmen?! Bitte! Vertrauen Sie mir. Ich ordere bei dem freundlichen Ober für Sie eine Melange? Und für mich einen doppelten Espresso und ein großes Himbeersoda und: „Das Kuchenfräulein bitte!" – Das Kuchenfräulein?

Nach wenigen ungeduldig verbrachten Momenten erscheint das Kuchenfräulein.

In schwarz gewandet, mit weißer Schürze und großer Freundlichkeit ausgestattet, und mit noch größerem KUCHENTABLETT! Schauen wir doch mal: Sachertorte, Malakoffschnitte, Himbeerkuchen, Marillenfleck, Streuselkuchen, Cremeschnitte … Cremeschnitte, Erdbeerschüsserln – sehe ich auf dem Tablett – Nusshörnchen …

Darf ich uns was aussuchen?

Wir hätten gerne das unfassbare Erdbeerschüsselchen und einen „Kartoffel", und packen Sie uns bitte zum Mitnehmen einen Rehrücken ein und einen Marillenfleck und einen englischen Teekuchen! Den mit extra vielen kandierten Fruchtstückchen drin. Wir zahlen den Kuchen gleich und beginnen.

Das „Kuchen-gleich-Zahlen" hat seinen Grund darin, dass man vor Wonne ins Koma fallen könnte und abtransportiert werden müsste – und dann bliebe die Rechnung offen!
Also los! Das, was man hier im Tomaselli einen „Kartoffel" nennt, ist

ein Wahnsinn! Was Literarischeres fällt mir nicht ein. Ein Wahnsinn! Innen – ganz innen – befindet sich ein cremiger Nougatschokoladenkern, umhüllt von einem Biskuitteigmantel, welcher von einer drei bis vier Millimeter dicken Marzipanhülle umschlossen ist, gepudert mit Kakaopulver. Fallen Sie mir nicht ins Koma!! Es ist schon bezahlt! Aber schauen Sie mal, was ich hier habe – ein rundes Mürbteigschüsselchen, dessen Innenseite mit knuspriger Bitterschokolade glasiert ist. Darauf befindet sich ein Nougatcremeschokoladenhügelchen, auf dem rundherum Erdbeerhälften befestigt sind. Durch physikalische Gesetze befestigt, die besagen, dass Frucht auf Schokolade plus Vanillecreme einfach halten MUSS! Fangen wir an. Sie dürfen bei mir kosten und ich bei Ihnen? Fein – wortlose Orgie im ersten Stock, im Zentrum von Salzburg!

Wenn wir uns ein wenig über das Geländer beugen, sehen wir den alten Marktbrunnen, in der Mitte des Platzes. Rechts oben sehen wir die Burg leuchten, am Ende des Platzes – gegen die Salzach hin – liegt die Judengasse, und wenn wir diese überqueren, sind es nur ein paar Schritte zum Wasser. Über die Staatsbrücke zum anderen Ufer, wo das Café Bazar liegt.

Ja – so schnell geht das. Zumindest in diesem Buch! Eben noch gemütlich zurückgelehnt, in die Historie des Café Tomaselli versunken, schon wieder unterwegs. Schauen Sie mal runter, wie breit die Salzach ist. Da rechts – flussaufwärts – ist eine Fußgängerbrücke, die heißt Mozartsteg und ist mit alten Holzbohlen bedeckt. Das klappert so schön, wenn man darüber läuft. Was? Mozart? Das war ein Komponist, der in Salzburg geboren wurde. Ein Genie, wissen Sie? Hat viel Bemerkenswertes hinterlassen: sein Geburtshaus, diesen Steg und Süßwerk, so Kugeln. Die „Originale" sind in Silberpapier eingewickelt, mit blauem Porträt des Meisters darauf. Die „Nicht-Originale" sind in Goldpapier gehüllt und tragen sein Porträt im Vierfarbendruck!

Von der Machart her sind sie fast identisch, nur werden die „Originale" wirklich noch per Hand gemacht. Pistazienmarzipankern, Nougathülle, Schokomantel – in dieser Reihenfolge – schmecken

Von der Terrasse des Café Tomaselli überblickt man den Alten Markt im Herzen Salzburgs.

lecker. Davon sollten Sie sich ein Duzend mitnehmen, aber – ein guter Tipp – lagern Sie sie in Ihrem Kühlschrank!

Sie können das nächste Mal auch in das Café Glockenspiel gehen und sich so auf die Terrasse setzen, dass Sie auf das Mozartdenkmal schauen können, wenn Sie das erbaut. Dort, wo man das Fundament für das Denkmal in den Boden gegraben hat, ist man auf römische Mosaiken gestoßen.

Sind Sie archäologisch zu begeistern? Unter dem Dom führt eine Treppe in den Untergrund, da können Sie römische Fundamente sehen, wenn Sie unbedingt wollen.

Jetzt betreten wir die Terrasse vom Café Bazar und setzen uns hin. Hier hat man einen sehr delikaten Abstand zur Altstadt – panoramamäßig: Cinemascope!

Die Burg, der Berg, die Stadt, die Salzach! Alles nur für Sie hingebaut. Ist Ihnen schon aufgefallen, wie angenehm die Farben für das Auge sind? Die Farben, die Häuserfarben! Schauen Sie doch einmal die Fassadenreihe der Bürgerhäuser an, die sich da am Salzachufer drängeln: Zartrosa, zartgelb, zartblau. Alles zart, alles Pastell – ist doch einfach schön, nicht wahr? Eine Stadt zum Dableiben, sag ich Ihnen. Mir hat sie mehr als einmal das Leben gerettet, das innere, das seelische Leben, meine ich.

Ich war ja in der Kindheit – so mit dreiundzwanzig bis fünfundzwanzig – sehr viel in Deutschland und sonst wo unterwegs – die Arbeit, der Beruf – und eines Tages habe ich beschlossen, meinen „Lebensmittelpunkt" von Berlin nach Wien zu verlegen.

Das war in der Zeit, in der man für die Autofahrt von Berlin nach Wien noch über den feindlichen kommunistischen Bereich des auseinander gerissenen Deutschland hätte fahren müssen. Dazu hatte ich keine dringende Lust. Ich verstehe schon die verklärende Romantik der heutigen Zeit, die so gerne meldet, wie viel soziale Nähe und Wärme es in der DDR gegeben hat. Damals saßen die Menschen noch in ihren Wohnungen beisammen und haben bei

Rotkäppchen-Sekt leise miteinander geredet, damit sie nicht von SED-Spitzeln gemeldet wurden. Und ins Gefängnis marschieren mussten. So eine Diktatur schafft Nähe und verstärkt die familiäre Kommunikation. Schade, dass es das alles nicht mehr gibt, und die niedrige Arbeitslosenzahl. Die Sehnsucht nach dem alten System, die nicht gar so wenige fühlen, wer will sie verdammen?!

Sie verstehen, dass man sich vor Entsetzen angesichts solcher Realitäten nach Salzburg begeben will. Immer wieder.

Gut – ich fuhr also damals (ich hatte einen wunderschönen Volvo 121 in Weiß) gemächlich Richtung Süden. Und als ich plötzlich das Gefühl hatte, kurz vor Florenz zu sein, sah ich Salzburg vor mir liegen. Mir fiel ein, dass mein Freund Michael in der Stadt lebte, und ich beschloss, ihn zu besuchen. Wir kannten uns von einem gemeinsam gedrehten Film – er arbeitete als Regisseur und Schauspieler am Salzburger Landestheater. Was also lag näher, als Station zu machen und mit ihm auf ein Backhenderl zu gehen! Wir taten dies, besprachen das Leben, die Liebe, die Welt, Gott und die Frauen und beschlossen, dass ich nicht nach Wien fahren sollte, sondern bei ihm einziehen.

So ist man in der Kindheit!

Es begann eine der schönsten Zeiten meines Lebens. Am ersten Morgen in der neuen Heimat, stand ich früh auf – relativ, es war halb acht – und ging in die Getreidegasse, Semmeln fürs Frühstück holen. Und darum erzähle ich Ihnen auch diese private Facette meines Salzburger Lebens. Wegen diesem Semmelnholen. Wenn Sie mal Lust haben, in der Stadt zu übernachten, mitten drin, gehen Sie in ein kleines Innenstadthotel, lassen Sie über Nacht die Fenster offen stehen und lassen Sie sich von den Turmglocken der Kirchen wecken. Gehen Sie früh schlafen, damit Sie nicht verzweifeln, wenn Ihr Wecker sieben Uhr anzeigt, stehen Sie auf, schlagen Sie sich kaltes Wasser ins Gesicht und gehen Sie auf die Straße. Plumpsen Sie direkt in der Innenstadt auf die Getreidegasse.

Die Getreidegasse mit ihren eleganten Fassaden und schmiedeeisernen Zunftzeichen.

Menschenleer! Menschenleer? Die Getreidegasse? Die WELTBERÜHMTE (!) Getreidegasse – menschenleer!!!

Sie werden an mich denken und meinen Namen lobpreisen. Die Luft ist so klar und frisch, so bergig, die Geschäftsleute noch so ungestresst, wenn sie ihre Läden öffnen, die Lieferanten so erfreut, wenn man „Guten Morgen" sagt. Und Sie werden nicht angerempelt, wenn Sie durch die Getreidegasse gehen! Kaufen Sie sich Gebäck und gehen Sie zu Ihrem Freund zurück ... Ach so – ich vermische da was ... Egal. Gehen Sie ins Bazar, nehmen Sie eine der vielen internationalen Zeitungen und verhalten Sie sich österreichisch.

Bestellen Sie zum Beispiel eine Würsteleierspeise mit Käse. Das gibt Kraft. Aber sagen Sie dem Ober, er soll in der Küche darum bitten, sie „locker" zu machen. Eine zu fest gebratene Würsteleierspeise ist absolut „unpoetisch"!

Das heißt: Man nehme eine Hand voll klein gehackten Emmentalers, ein Paar Frankfurter – oder „Wiener Würstchen" –, schneide diese in sehr dünne Scheibchen und brate sie an. Gebe dann den Emmentaler dazu, und an dem Punkt, an dem er zu schmelzen beginnt – schwapp! – zwei gerührte Eier darüber. Rühren, rühren, rühren... und in dem Moment, in dem Sie bemerken, dass das Ganze fest wird – weg vom Feuer – raus aus der Pfanne – rauf auf den Teller! Dann ist die Konsistenz perfekt!!!

Glauben Sie mir. Was nämlich immer unterschätzt wird, ist die innere Temperatur der Eierspeise – oder des „Rühreis" – sie hitzt ja auch noch weiter, selbst wenn man sie schon aus der Pfanne genommen hat! Das ist des Pudels Kern! Also: schnell raus damit und ... genießen! Am besten mit einem saftigen Schwarzbrot.

Der Michael und ich haben dann, nachdem ich aus der menschenleeren Getreidegasse vier Semmeln und zwei Laugengebäck geholt hatte, noch zwei Jahre gemeinsam in Salzburg gelebt, gedacht, gelacht und die philosophischen Fundamente unserer Lebensanschauung gelegt.

Eines Nachts hat er mir auf der Staatsbrücke seinen anderen besten Freund vorgestellt: Reinhard hieß und heißt er. Und – ein Blick sagt mehr als tausend Worte – uns war klar, dass wir ab sofort als Triumvirat durch dieses erstaunliche Leben gehen werden. Wo gibt es das noch? Männerfreundschaften, die über zwanzig Jahre halten und die Leuchttürme sind, in dieser Zeit der Verwirrung menschlicher Gefühle.

Ich schätzte und mochte Harald Juhnke sehr – nur so zum Beispiel – aber er hat gesagt: „Ich habe keinen Freund." Das erklärt fast alles ...

Was hat das alles mit Salzburg zu tun? Mit Salzburg hat das sozusagen als Pars pro Toto zu tun. Ich hätte auch die verbindenden freundschaftlichen Lebensbegegnungen anderer seriöser Damen und Herren erwähnen können, aber das hier ist mein Buch und ich will, dass Sie verstehen, wie schön es ist, Mut zum Persönlichen zu haben. Max Reinhardt hat gesagt: „Werden sie wesentlich!" Das sagt doch alles.

Glauben Sie mir. Egal, wie Sie SALZBURG gegenübertreten, ob mit Freunden, Familie oder allein: Nützen Sie den Spiritus loci, um sich vom alltäglichen Irrsinn zu verabschieden. Reden Sie offen – und wesentlich – mit den Menschen, die Sie begleiten, und – falls Sie alleine reisen – halten Sie inne und reden Sie offen und ehrlich mit sich selbst.

Sie werden staunen, was dabei herauskommen kann. Manchmal sogar eine Lebenswende.

Nein, dies ist keine romantisch-literarische Verklärung. Das ist eine seelenphysikalische Tatsache. Vor allem, wenn Sie Salzburg antizyklisch begegnen. Ein Tipp für SALZBURG – ich meine damit: fahren Sie hin, wenn nicht alle dort sind!

Ja – es ist toll und schick und lustig, im August James Levine zu beobachten, wenn er, genau so wie Sie, im Tomaselli Kuchen bunkert, aber versuchen Sie der Stadt einmal im Oktober zu begegnen, oder im April! Verstehen Sie? Werden Sie intim mit ihr, geben Sie sich hin. Sie werden beschenkt werden – reich beschenkt!

Der Geist kann in ihr zu Hause sein und sich dem suchenden Wanderer eröffnen, wenn dieser Muße, Aufrichtigkeit und ehrliche

Bereitschaft mitbringt, etwas über sich und das Leben erfahren zu wollen.

Ein Zauber durchdringt dieses Land und diese Stadt, der den genauen Blick verlangt. Den genauen Blick, der neben und hinter die Welt der Erscheinungen zu sehen vermag. Nichts ist so, wie es sich auf den ersten Anschein hin gebärdet!

Ein Beispiel

Ich erzähle Ihnen ein kleines Beispiel: Ich war ein junger Mensch von etwa sechzehn Jahren und besuchte mit meinen Eltern eine Vorstellung der Salzburger Festspiele.

Man gab die Oper „Il Sant'Alessio". Ein barocker Schinken von erstaunlichen Ausmaßen. Die Geschichte ist kurz erzählt: Ein Herr namens Alessio (!) zieht in die Welt, um selbige zu erfahren. Er erlebt wie jeder von uns so manche Höhen und Tiefen und kehrt nach sieben Jahren nach Hause zurück.

Unterwegs hat er eine seelische Krise und beschließt, fortan als darbender Mönch direkt unter dem Portal seines Heimathauses (er ist nicht irgendwer – es handelt sich natürlich um einen Palast) dahinzuvegetieren. Er beobachtet, wie es seiner Familie und seiner Verlobten das Herz zerreißt vor Sehnsucht nach ihm. Mittlerweile sieht er nämlich schon derart devastiert aus, dass ihn keiner seiner Liebsten erkennt (auch nur in einer Barockoper möglich). „Was ist der Sinn dieses sadomasochistischen Irrsinns?", werden Sie sich fragen. Purer Katholizismus. Je mehr Leid, desto mehr Himmel – später dann, im Jenseits. Aber der Teufel schläft nicht und setzt jetzt – eine Oper lang – alles daran, den „Sant'Alessio" (mittlerweile nähert er sich dem Heiligentitel!) zu verführen. Er will, dass er seine Büßerhaltung aufgibt, sich wäscht und parfümiert, isst und trinkt und zu seiner Hübschen ins Bett steigt. Lebt – mit andern Worten. Und der Herr Teufel zieht alle Register. Er führt Alessio alle Freuden des Daseins vor: Champagner, Macht, Glück, schönste Tänzerinnen

Die Bürgerspitalskirche St. Blasius, am Ende der Getreidegasse, wurde 1327–50 erbaut.

BILD RECHTS Die in den Mönchsberg geschlagenen Katakomben
unter dem Friedhof St. Peter sind wahrscheinlich frühchristlichen Ursprungs.

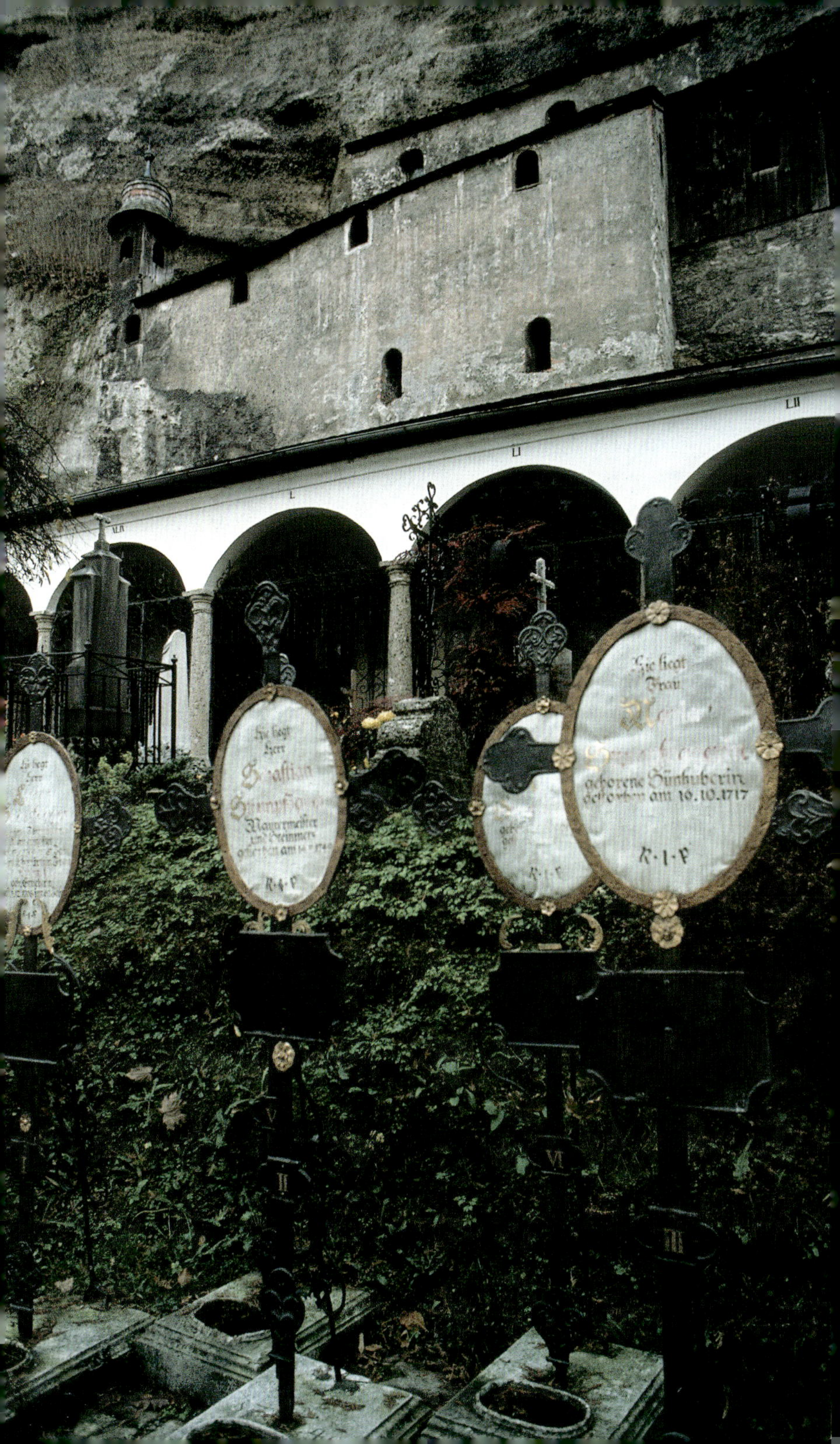
Hie liegt
Frau
geborene Sünhuberin
R·I·P

(fast ganz nackt), Erdbeertörtchen aus dem Tomaselli – nichts funktioniert. Alessio bleibt standhaft!!
Da kommt dem Teufel eine teuflische Idee. Er borgt sich eine Mönchskutte aus und begibt sich zu Sant'Alessio. Er teilt ihm mit, dass er – als Mönch und Mann des Herrn – die Entbehrungen des Sant'Alessio für genügend erachtet. Er dürfe diesen Irrsinn beenden und sich duschen gehen. Aber Sant'Alessio – endlos stur, also heilig – wimmelt ihn ab und lässt sich von der Maskerade des Teufels nicht beeindrucken. Der resigniert und gibt sich im Stiegl-Keller die volle Dröhnung. Ende. Finale. C-Dur. Aus!! Bravo!!!

„Warum diese Geschichte?" werden Sie leicht irritiert fragen. Hören Sie zu. Im selben Sommer gab es in der Salzburger Universität Diskussionen, Seminare und Vorträge sowie Analysen von Kunstwerken, unter dem Aspekt der Religiosität in der heutigen Zeit.

Ich war mit meinem Vater bei solch einer Podiumsdiskussion im Publikum anwesend. Besprochen wurde die Aufforderung zum Verzicht in der Oper „Il Sant'Alessio". Ungefähr fünfzehn Humoristen, Priester, Psychologen und sogar ein Bischof saßen am Tisch und befanden es als sehr vorbildhaft, was Alessio da so treibt.

Ich war erst sechzehn und recht ungezwungen und hob meine Hand, um einen Redebeitrag anzumelden. Ich fragte Folgendes: „Wenn die Oper mir zeigt, dass der Teufel sich des Gewandes der Kirche bedient, ist nicht das einer der wichtigsten Hinweise für uns, das Publikum? Nämlich, dass Sie alle da oben der verkleidete Teufel sein könnten, der uns Schwachsinn einreden will?! Das ist doch die Botschaft! Nein?! Ich finde Alessio hätte aufhören sollen, allen, die ihn lieben, das Herz zu brechen. Er hätte heiraten sollen, glücklich sein und seinen Kindern die Grundregeln der Höflichkeit vermitteln. Wem das gelingt, der ist – meiner Meinung nach – ein echter Heiliger!!"

Ich erinnere mich, dass die Podiumsdiskussion daraufhin ziemlich rasch für beendet erklärt wurde.

Schauen Sie sich um. Schauen Sie, wo wir sind: In einer der schönsten Städte der Welt, in einem der schönsten Länder der Welt. Und schauen Sie sich den Kontrast an. Schalten Sie den inneren Fernseher an und betrachten Sie die Bilder von Irrsinn und Hässlichkeit, von Gewalt und geistigseelischer Vergewaltigung. Und dann schalten Sie wieder aus und atmen durch und hören auf das Rauschen der Blätter. Die Bäume stehen dicht an dicht, vor der Terrasse des Bazar. Die Stadt winkt zart-pastellfarben herüber. Die Fahne weht auf der weißen Burg. Irgendwo übt jemand Klavier, im ersten Stock.

Da ist eine Botschaft in all dieser Idylle, ein alternativer Entwurf, eine Aufforderung! Wie könnte sie lauten?

Was spüren Sie nach alldem, was wir heute erlebt, gesehen, geschmeckt, gefühlt, erfahren haben? „Ich spüre eine Aufforderung!"

„Ja – ich spüre eine Aufforderung, diese Schönheiten und diese Genüsse nicht als Erholung zu betrachten, sondern ... halt, es muss heißen: nicht NUR als Erholung zu betrachten!

Ich spüre die Aufforderung, die geheime Botschaft die hinter dieser, noch unbeschädigten Schönheit liegt, mitzunehmen. Ich möchte von diesem Rhythmus der Landschaft, von diesem Klang der Straßen und Häuser, von diesen Sinnesreisen die Seele mitnehmen in mein eigenes Leben.

In mein Leben, das zwar woanders stattfindet, das aber ab heute ein anderes Leben sein kann. Heiterer, gelassener, eleganter. Ich möchte den Geist, dem ich hier begegnet bin, sagen: „Komm mit, hilf mir, mein Leben leichter werden zu lassen. Duftiger, gelassener und süßer!" – Ja, das möchte ich jetzt und hier auf der Terrasse vom Café Bazar formulieren!

Wo immer auf der Welt drei, im Namen Salzburgs beieinander stehen, ist er bei uns – der Geist von Salzburg!

Ich führe Sie jetzt gleich nach nebenan! Sie fragen, warum? Kann ich Ihnen sagen: Da ist das Hotel „Österreichischer Hof" (nunmehr Hotel Sacher Salzburg) – und da können Sie zwei Fliegen mit einer Klappe schlagen!

Die Hochzeitsstiege im Schloss Mirabell mit Skulpturen von Raphael Donner.

Der „Ö.H." – das Hotel Sacher Salzburg

Dieses Hotel ist nämlich mit dem Hotel Sacher in Wien assoziiert!! Und das bedeutet: Sie müssen nicht einmal nach Wien fahren, um eine Sacher-Torte zu erstehen. Die „Original"-Sacher-Torte versteht sich!!

Darf ich Ihnen einen Tipp geben? Nehmen Sie sich eine mittlere Torte mit – im Holzkästchen. Das erwartet Ihre Familie von Ihnen, wenn Sie aus Österreich zurückkommen. Aber! Nehmen Sie zusätzlich Sacher-Torteletts mit Brandy! Ein Geheimtipp! Es gibt viereckige Torteletts aus dem Original-Sachertortenteig ... UND! Es gibt runde Torteletts mit einer Teigfüllung, die mit Cognac versetzt ist. Nehmen Sie zwei und das Kästchen zu je sechs Stück – vertrauen Sie mir. Und verzweifeln Sie nicht, wenn es leer ist – übermorgen. Man kann sich all das nachschicken lassen. Weltweit.

Wir setzen uns jetzt auf die Terrasse vom Restaurant „Salzach Grill" und stellen uns vor, wie es wäre, ein Steaksandwich zu essen. Klein, aber genial. Hauchdünnes Steak auf Toast. Wir stellen es uns aber nur vor. In der Zeit, in der wir auf das Ereignis warten, dessentwegen wir in Wirklichkeit hier sind.

Der WIENER SAVARIN!!!

Eine Biskuitfläche, in Cognac getränkt, in der Mitte ein Loch, gefüllt mit Fruchtsalat, übergossen mit weich geschlagenem Schlagobers – oder „Sahne" – durchzogen mit flüssiger Bitterschokolade – gekühlt! Ich bitte Sie: kosten Sie und sagen Sie was!

Sie sind sprachlos. Danke, das wollte ich nur sehen.

Salzburg verlassen, ohne den „Savarin" gekostet zu haben, ist wie Rom „Arrivederci" zu sagen, ohne Münzen in den Trevi-Brunnen versenkt zu haben. Also: Mut! Nur Mut! Wir kommen wieder! Jetzt gehen wir über die Getreidegasse zurück in die Garagen und fahren wieder zum Wallersee!

AUSKLANG

Auf dem Weg zwischen Getreidegasse und Mönchsberg biegen wir in einem kleinen Durchgang in die zauberhafte „Konditorei Schatz" ein. Höchstens dreißig Quadratmeter Ladenfläche, aber ein Universum der Zuckerbäckerkunst. Wir nehmen uns Pignolikipferln mit und zwei Bündner Nusstorten, und sitzen nach fünf Minuten Fußweg endlich wieder im kühlen Auto. So heiß kann es gar nicht sein in der Stadt, dass es im Berg nicht klimatisiert ist!

Zurück zum Anfang: in weichen Kurven gondeln wir zurück zum „Winkler", verstauen unsere Schätze auf dem Zimmer, ziehen uns um und schlendern zum See. Eine halbe Stunde schwimmen – und wir sind wie neugeboren.

Am Ufer sitzend schauen wir der Sonne beim Versinken zu und landen, kurze Zeit später, wieder auf der Terrasse. An einem stillen Tisch, auf dem schon die Kerzen brennen.

Was für ein Tag ...

Kennen Sie das Märchen vom Hirtenjungen, der einmal den geheimen Eingang zum Untersberg gefunden hat? Nein?! Na gut: Er findet also den Zugang und verbringt einen Tag bei dem uralten König – mit Lachen und Tanzen und Scherzen. Zum Abschied schenkt ihm der König einen Edelstein. Der Hirtenjunge verlässt den Berg, er geht ein paar Schritte, dreht sich um: der Eingang ist verschwunden. Er geht in sein Dorf, aber er erkennt niemanden und wird von niemandem erkannt. Er beginnt zu ahnen, tritt vor einen Spiegel: ein uralter, weißhaariger Mann blickt ihm entgegen – mit lachenden Augen.

So ist das, mit der Zeit in diesem Märchenland ... und so wird es auf ewig bleiben ...

REGISTER

Allio, Paolo d' 62
Anif 59
Arno, Bischof 67
Bad Ischl 47, 50, 51
Baptist, Johann 90
Benatzky, Ralph 34
Bergheim 55
Bernhard, Thomas 28
Biber, Heinrich Ignaz Franz 44, 46
Café Bazar 114
Café Glockenspiel 114
Café Tomaselli 110, 111, 118, 122
Carlone, Diego Francesco 62
Colloredo, Hieronymus Graf 77
Corelli, Arcangelo 44
Dario, Giovanni Antonio 55
Elisabeth, Kaiserin 47, 49
Elsbethen 59
Erlach, Johann Bernhard Fischer von 62, 74, 75, 88, 91
Eugendorf 28
Finck, Heinrich 43
Fischerbauer 19, 23
Franz Joseph, Kaiser 47
Freumbichler, Johannes 28
Friedrich, Barbarossa 52, 54, 67, 88
Gandolf, Max 44
Garona, Tommaso di 71
Gebhard, Erzbischof 98
Getreidegasse 115, 117 126
Guggenbichler, Johann Meinrad 39, 75
Gustav Adolf von Schweden 74
Hagenauer, Wolfgang 90
Hallstatt 51, 54
Hallwang 58
Haydn, Johann Michael 46
Hellbrunn 62
Henndorf 27, 28
Hildebrandt, Johann Lukas von 75
Hoffmannsthal, Hugo von 78
Hofhaimer, Paul 43
Holzmeister, Clemens 91
Horvath, Ödon von 27
Hotel Sacher Salzburg 123, 125
Hrdlicka, Alfred 91
Joyce, James 78
Karajan, Herbert von 59, 106, 107, 109
Kleßheim 62
Kokoschka, Oskar 58, 91
Kolig, Anton 91
Köstendorf 28, 31
Leopold Anton Freiherr von Firmian 75
Leopoldskron 62
Levine, James 118
Mann, Thomas 27, 78
Maximilian von Bayern, Herzog 74

Mikl, Josef 58
Mondsee 38, 39
Mozart, Leopold 46, 77, 95
Mozart, Wolfgang Amadeus 6, 39, 40, 42, 44, 46, 47, 56, 77, 93, 94, 112
Muffat, Georg 44
Neumarkt 8, 26, 27, 28, 31
Neve, Frans de 56
Noricum 15, 16, 35, 37
Norman, Jessye 106, 107, 109
Obertraun 54
Odilo II, Herzog 38
Pacher, Michael 35, 59, 88
Papst Leo III 67
Paracelsus 50
Paris Graf Lodron, Erzbischof 72, 74
Parsch 58
Pilgrim II von Puchheim, Erzbischof 43, 68
Raitenau, Wolf Dietrich von 26, 43, 63, 65, 70, 71, 86, 94, 95
Reinhardt, Max 77, 78
Restaurant Winkler 8, 10, 14, 19, 26, 126
Rottmayr, Johann Michael 75, 87
Rupert, Bischof 65, 66, 67, 90
Salzburg 5, 6, 7, 11, 15, 16, 22, 30, 34, 42-45, 47, 56, 58, 62, 65-68, 72, 74, 77, 78, 83, 90, 91, 102, 103, 106, 107, 112, 115, 118, 123
Scamozzi, Vincenzo 86, 87
Schleedorf 28
Schloß Sighartstein 27
Schmidt, Martin Johann 56
Schneider, Romy 49
Schnitzler, Arthur 78
Schwanthaler, Thomas 56, 58
Seekirchen 28
Sigismund III Graf Schrattenbach 77
Sittikus, Erzbischof Markus 44, 62, 72, 78
Solari, Santino 72, 78
St. Gilgen 39, 41, 46
St. Peter 67, 90, 91
St. Wolfgang 34, 35
Stolz, Robert 34
Strasswalchen 27
Strauß, Richard 78
Tannberg 19, 22, 31, 32, 34
Thun, Johann Ernst Graf von 62, 74
Virgil, Bischof 67, 90
Wallersee 8–11, 14, 22, 25, 28
Wells, H. G. 78
Werfel, Alma 27
Werfel, Franz 27
Wolfgangsee 34, 39
Wotruba, Fritz 58
Zauner, Konditorei 49, 50
Zuckmayer, Carl 27
Zweig, Stefan 78

127

Schloss Hellbrunn, Gemälde aus dem 17. Jhdt.

Die Deutsche Bibliothek – CIP-Einheitsaufnahme
Ein Titelsatz für diese Publikation ist bei Der Deutschen Bibliothek erhältlich.

1. Auflage
Graphische Gestaltung: Christina Brandauer
Lektorat: Inge von Boch
Reprographie: Pixelstorm Kostal & Schindler OEG, Wien
Druck und Bindung: Gorenjski Tisk, Kranj

Copyright © 2005 by Verlag Christian Brandstätter, Wien
Alle Rechte, auch die des auszugsweisen Abdrucks oder der Reproduktion einer Abbildung, sind vorbehalten. Das Werk einschließlich aller seiner Teile ist urheberrechtlich geschützt. Jede Verwertung ohne Zustimmung des Verlages ist unzulässig. Dies gilt insbesondere für Vervielfältigungen, Übersetzungen, Mikroverfilmungen und die Einspeicherung und Verarbeitung in elektronischen Systemen.
ISBN 3-85498-445-6

Christian Brandstätter
Verlagsgesellschaft m.b.H.
A-1080 Wien, Wickenburggasse 26
Telefon (+43-1) 512 15 43-0
Telefax (+43-1) 512 15 43-231
E-Mail: info@cbv.at
www.cbv.at

Bildnachweis
IMAGNO / Oskar Anrather: Umschlag, Umschlaginnenseite, Seite 9, 16, 17, 40, 60/61, 64, 65, 69, 73, 80/81, 88, 89, 93, 96, 97, 105, 108, 109, 113, 128; IMAGNO / Austrian Archives: Seite 17, 35, 44, 52, 85; IMAGNO / Dorotheum: Seite 29; IMAGNO / Sepp Dreissinger: Seite 28; IMAGNO / Archiv Hajek: Seite 49; IMAGNO / Franz Hubmann: Seite 8, 20, 24, 25, 41, 45, 53, 84, 121, 124; IMAGNO / Gerhard Trumler: Seite 36, 48, 56, 68, 92; IMAGNO / Wilfried Vas: Seite 116; IMAGNO / Harry Weber: Seite 4, 21, 76, 120; Tostmann Trachten, Seewalchen – Wien: Seite 32